회사에서 인정받는 신입사원

업무의 신 되다

| 회사에서 인정받는 신입사원 |

업무의 신 되다

시바타 히데토시 지음 | 황선희 옮김

한ㄹ

사례1: 회사에 목매는 김 과장

김 과장은 수완이 좋은 사람이다. 부하에게 일을 시킬 때는 세세하게 지시를 내리고 상부로 올라가는 보고서는 수정한다고 제출 직전까지 손에서 놓지 않는다. 상사 앞에 가면 마치 다른 사람이 된 것처럼 굽실거린다. 상사가 나오지 않은 회의는 부하에게 몽땅 맡기고 자신은 빠지기 일쑤다. 그는 곧 자신이 승진하리라고 생각하는 것 같았다. 회식 자리에서 늘 승진할 날이 얼마 남지 않았다고 떠벌렸다. 당연히 부하들은 그를 별로 좋아하지 않았다. 아무리 좋게 봐줘도 괜찮은 중년은 아니었다. 나이를 먹어 중년이 되었을 때 김 과장처럼 되고 싶다는 부하는 한 명도 없었다.

사례2: 직장에 정착하지 못하는 이 대리

이 대리는 스터디모임을 좋아한다. 그는 일주일에 2~3번 정도,

퇴근 후 스터디모임에 참석했다. 그곳에는 서로 다른 회사에 다니는 사원들이 모이기 때문에, 회사 안에서는 들을 수 없는 다양한 업계 소식을 들을 수 있다고 했다. 그렇다고 회사 일에 소홀한 것은 아니었다. 회의를 할 때는 남들은 모르고 지나치는 부분도 놓치지 않고 지적을 자주 했다. 후배들의 질문에 대답은 해주었지만 정보를 공유하는 것은 아니었다. 회사 밖에서 얻은 정보를 토대로 보고서를 작성하는 일이 많아, 상사는 그를 아니꼬워했다. 이 대리의 회사는 스터디모임이 아니냐고 비꼬는 소문도 많았다. 상사의 눈 밖에 난 그가 높은 자리까지 올라갈 것이라고 생각하는 사람은 아무도 없었다.

이 두 사람에 대해 어떻게 생각하는가? 기껏 회사 바깥에서 힘들여 모은 정보를 회사 안에서 살리지 못하면 무슨 소용이 있을까? 힘들게 과외를 받고도 학교 성적이 오르지 않는 것과 같은 상황이다. 반대로 회사라는 좁은 세계에서만 사는 것도 그리 좋아 보이지 않는다. 아무리 회사에 충성한들 승진이 보장되지는 않는다. 회사 자체가 사라지기도 한다. 회사밖에 모르는 인생처럼 허무한 삶이 또 있을까?

요즘은 인터넷의 발달로 조직을 넘어, 여러 분야에서 다양한 가치와 생각을 접할 수 있다. 그러나 '뜻(志)' 없이는 아무 일도 일어나지 않는다. 중요한 것은 '나는 무엇을 하고 싶은가'이다. 사내(社內) 일이든 사외(社外) 일이든 하고 싶다는 뜻이 없다면 아무것도 얻을 수 없다는 말이다. 이는 시대가 급변했던 새마을운동 시절에나, 꼴불견 상사가 젊었던 IMF시절에나 변하지 않는 만고불변의 진리다. 이 변함없는 인생의 진리 위에서 기계가 발달하고 작업 프로세스가 눈부시게 변화하여 지금에 이르렀다.

인생은 한 번뿐이다. 따라서 '내가 할 수 있는 일로 사회에 이바지하고 싶다'거나 '스스로 만족할 수 있는 일을 하고 싶다'고 생각하는 것은 자연스러운 일이다. 이 생각을 실현하려면, 자신이 하고 싶은 일이 무엇인지를 알고 그것을 실현할 능력을 키워야 한다.

이 책은 회사원이 반드시 알아야 하지만 아무도 가르쳐주지 않는 '제1부: 새롭게 시작하는 당신에게', 배운 적은 있으나 관점을 수정해야 할 '제2부: 기본만 알아도 시작이 반이 된다', 마지막으로 기본적으로 익혀두어야 할 '제3부: 내 능력에 날개를 달자'로 구성되었다. 각 장 끝에는 실제 새로운 인생을 사는 사람을 소개한다.

제1부에서는 뜻(志)을 세우고 그것을 이루기 위해 무엇을 해야 하는지 설명한다. 불안하고 혼란한 시대일수록 '어떻게 살아갈 것인가'를 확실히 정해야 한다. '나는 이렇게 살겠다, 나의 최고 가치는 이것이다'라는 신념이 바로 뜻이다. 회사원도 자신만의 뜻을 최우선으로 여기고, 진짜 하고 싶은 것을 위해 살고자 하는 마음가짐이 중요하다. 이런 뜻을 세웠다면 그것을 이루기 위한 구체적인 계획이 필요하다. 계획을 세우고, 자신의 경쟁력을 높이는 방법을 함

께 소개하겠다.

그다음은 계획을 실천하기 위한 효율적인 전략을 생각해야 할 차례이다. 물론 전략을 세운다고 해서 무조건 잘되는 것은 아니다. 그러나 이길 확률이 높은 전략을 세워야 합리적으로 인생의 목표에 도달할 수 있다.

자기가 정한 뜻에 따라 살려면 건강도 중요하다. 몸이 건강하지 않으면 뜻대로 해야 할 일을 못하기 때문이다. 특히 요즘 회사원들은 정신적으로 피폐한 경우가 많다. 특히 조심해야 할 정신 건강과 회사원들이 무시하기 쉬운 질병에 관해 알아보자.

다음 제2부에서는 뜻을 이루기 위해 필요한 기초적인 지식과 능력에 대해 설명한다. 먼저 '직업관'에 대해 알아볼 것이다. 살아가기 위해서 사람은 누구나 하나 이상의 직업을 가진다. 하루의 대부분을 직장에서 보내는 만큼 어떤 자세와 마음가짐으로 일을 대하는지가 본인의 성취에 큰 영향을 미친다. 일을 대하는 사고방식인 직업관은 일이 아닌 것에도 영향을 미친다. 일이란 그 밖의 생활에서 영향을 받기 때문이다.

직업관을 정립한 뒤에는 업무에 필요한 기술을 알아보자. 이 책에서는 '미래의 회사원은 회사 안의 업무와 회사 밖에서의 활동이 서로 영향을 끼치며 발전한다'라는 관점으로 서술할 것이다. 성공하는 회사원이 되기 위해서는 인사하기, 지각하지 않기 등 기본적인 것부터 제대로 알아야 한다. 그리고 생각을 정리하는 법 등 업무에 기초적으로 필요한 것에 대해서 알아볼 것이다. 생각과 문장을 정리하는 능력은 발상력과 발표력의 기본이다.

기초적인 부분에 대해 설명한 다음에는 글로벌 시대에 필요한 3가지 지식인 어학, 확률·통계, 사회적기업에 대해 설명하겠다. 어학은 앞으로 국제 사회를 살아가는 데 꼭 필요한 능력이다. 미래를 생각한다면 배우기 싫더라도 하나쯤은 읽혀두는 것이 좋다. 확률·통계는 앞으로 회사원으로서 인생연대기를 그리는 데 필요한 지식 중 하나이다. 연금과 보험의 기본적인 계산 방식을 모르면 쓸데없이 돈을 낭비하게 된다. 그다음에 설명할 사회적기업은 요즘 들어 각광받고 있는 분야이다. 앞으로 일의 진정한 의미를 찾는 데 무척 중요한 개념이므로 알아두는 것이 좋다.

마지막 제3부에서는 실제 업무를 하는 데 필요한 능력과 지식에 대해 설명한다. 먼저 조사와 회의, 자료 작성 등 일할 때 구체적으로 필요한 기술을 알아보자. 그리고 대다수의 사원들이 어렵게 여기는 회사 내 인간관계에 대해 설명하겠다. 여기서는 팀에서 일하는 방법이나 리더가 알아야 할 조직에서의 처세법에 대한 팁을 실었다. 이러한 지식을 알아두면 조직을 효과적으로 활용할 수 있다. 조직의 인간관계를 배우면 언젠가 회사 밖의 조직에서 리더가 되거나 회사를 세웠을 때도 도움이 된다.

그리고 제2의 인생을 개척한 사람들의 이야기를 몇 가지 소개한다. 열심히 공부하면서도 긍정적이고, 수준 높은 기술과 지식을 쌓은 사람들에 관한 이야기이다. 가명을 사용하였으나 일본의 실제 사례를 각색한 것이다. 이 이야기가 독자들에게는 '책 속에만 있는 이야기'처럼 느껴질 수도 있다. 그러나 우리 사회는 빠르게 변화하고 있으며 누구에게나 예전에 할 수 없었던 역동적이고 자극적인 삶에 다가갈 수 있게 해준다. 그들의 사례가 남의 이야기로 끝날지 내 이야기가 될지는 여러분 자신에게 달렸다. 인생은 한 번뿐이다. 할 수 있는 데까지 도전해보자.

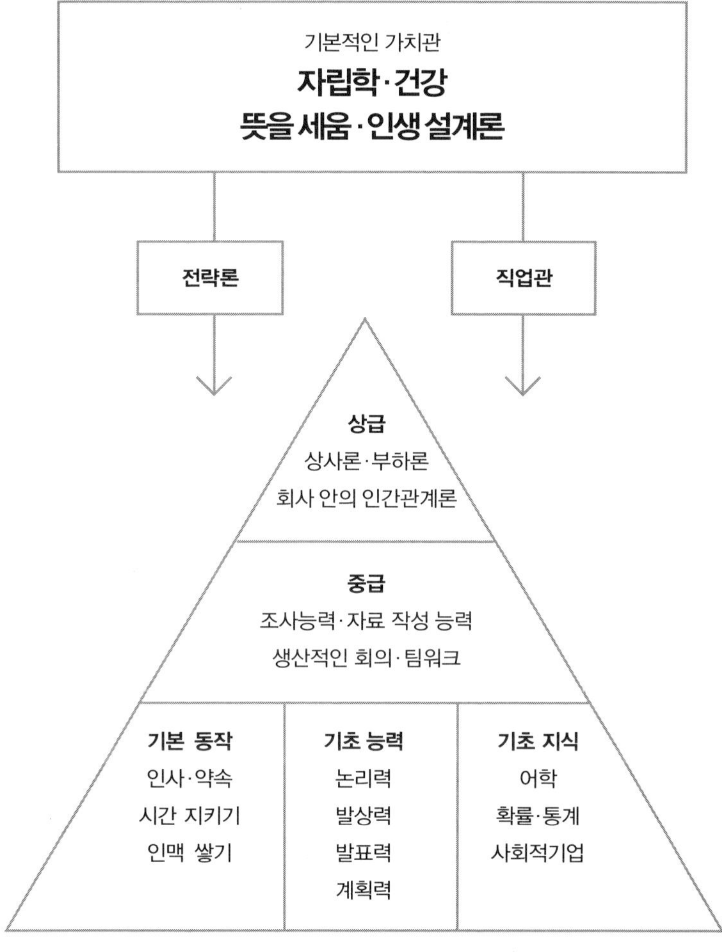
기본적인 가치관
자립학·건강
뜻을 세움·인생 설계론
전략론
직업관
상급
상사론·부하론
회사 안의 인간관계론
중급
조사능력·자료 작성 능력
생산적인 회의·팀워크
기본 동작
인사·약속
시간 지키기
인맥 쌓기
기초 능력
논리력
발상력
발표력
계획력
기초 지식
어학
확률·통계
사회적기업

차 례

1부

새롭게 시작하는 당신에게

흔히들 인생을 여행에 비유한다. 즐거운 여행을 하고 싶다면 출발 전에 목적지를 정하고 계획을 세워야 한다. 인생도 마찬가지다. 성공한 인생을 살기 위해서는 목적(=뜻)을 정하고 인생 계획을 짜야 한다. 안타깝게도 인생 계획을 대신 세워주는 여행사는 없다. 후회 없는 인생을 위해 당신만의 계획을 세워보라.

1장
뜻이 있는 곳에 길을 만들다

회사원이여,
원대한 뜻을 품어라

뜻(志)은 사회인으로서 지향하는 목표를 말한다. 뜻에는 2가지 형태가 있다. 하나는 자신이 도달하고 싶은 목표 지점으로, 여행에 비유하자면 목적지이다. 다른 하나는 '이렇게 살고 싶다'는 삶의 태도로 여행의 목적이라고 할 수 있다. 목표 지점을 지향하는 사람은 야심적이고 혁신적이다. 삶의 태도를 지향하는 사람은 마음의 평안과 타인에 대한 배려를 중시하는 등 종교적이고 정신적인 경향이 있다.

뜻을 어렵게 생각하지 말자. 거창할 필요는 더더욱 없다. '누구를 사랑하고, 누구에게 사랑받고 싶은지' 즉, 누구와 함께 살아가고 싶은지 곰곰이 생각하다 보면 답이 보인다. 사람들은 대부분 가족의 사랑이 소중하다고 할 것이다. 직장에서는 평소 듣기 좋은 말만 듣고 하게 된다. 그러나 자신이 정말로 곤란한 상황에 부닥쳤을 때 도움의 손길을 내미는 사람들은 누구일지 생각해보자. 뜻을 세울 때는 그들과 함께 행복을 누리려면 어떻게 해야 할지를 고민하는 것이 도움이 된다. 뜻을 세우기 전에 자신이 무엇에 온 열정을 쏟을 수 있을지 진지하게 생각해보는 것도 좋다.

뜻이 원대하다고 해서 무조건 좋은 것은 아니다. 그러나 큰 성공을 이룬 사람은 그 뜻도 원대했다. 사실 뜻을 품기란 쉽지 않다. 아무리 고민해도 쉽게 정할 수 없다면 다른 사람의 전기(傳記)를 읽어보자. 읽은 내용을 그대로 따라 하는 것도 하나의 방법이다.

- 《월가의 황제 블룸버그 스토리》마이클 블룸버그 / 매일경제신문사
- 《버핏: 21세기 위대한 투자신화의 탄생》로저 로웬스타인 / 리더스북
- 《벤처 CEO 에디슨》고타로 나와 / 북스힐
- 《르네상스: 카를로스 곤 자서전》카를로스 곤 / 이레

마쓰시타 고노스케(松下幸之助)의 뜻

파나소닉(전 마쓰시타 전기산업)의 창업자 마쓰시타 고노스케는 1932년 5월 5일, 전 직원 168명을 모아놓고 이렇게 말했다.

"우리는 수돗물을 공짜로 쓰지 않는다. 하지만 길 가던 사람이 집 앞의 수돗물을 마음대로 마신다고 그를 도둑이라고 하지 않는다. 양도 많고 가격도 싸기 때문이다. 마쓰시타 전기의 진정한 사명도 이와 같다. 수돗물처럼 좋은 물건을 싸게 많이 만들어 공급함으로써, 이 세계에 풍요로운 낙원을 건설하는 것이다. 오늘부로 건설시대 10년, 활동시대 10년, 사회공헌시대 5년을 합하여 이 25년을 '1기'라고 한다. 이와 같은 방침과 방법을 후대 사람들에게 전하여 10번 반복해, 250년 뒤에는 낙원을 건설하자."

그는 25년 계획을 10번 반복하여 낙원을 만들자는 원대한 뜻을 세운 것이다.

손정의(孫正義)의 뜻

소프트뱅크 그룹의 창업자 손정의는 캘리포니아대 버클리 캠퍼스에서 유학을 하고 일본으로 돌아와 2년 동안 사업을 구상했다. 그리고 '일본 소프트뱅크사'를 창업하는 날 아르바이트생 앞에서 귤 상자로 연단을 만들어 올라선 뒤 이렇게 말했다.

"우리 회사는 5년 이내에 100억 엔, 10년 인에 500억 엔, 언젠가는 1조 엔의 매출을 올리는 기업이 될 것이다."

빌 게이츠(William H. Gates)의 뜻

마이크로소프트사의 창업자 빌 게이츠의 뜻은 다음과 같았다.

"A computer on every desk and in every home (모든 사무실과 가정에 컴퓨터를 놓겠다)."

지금 뜻을 정하기에는 너무 늦은 게 아닐까?

뜻을 세우는 시기는 빠를수록 좋지만 말처럼 쉽지 않다. 공자의 《논어》에 이런 내용이 있다.

'나는 열다섯에 학문에 뜻을 두고, 서른에 학문의 기초를 확립했으며, 마흔에 모든 일에 미혹됨이 없었고, 쉰에 천명을 알았으며, 예순에 모든 일을 들으면 저절로 알게 되었고, 일흔에는 마음이 바라는 대로 행동해도 도를 벗어나지 않았다.'

공자는 서른에 뜻을 세웠다고 한다. 사카모토 료마(坂本龍馬, 일본의 에도 시대 무사－옮긴이)는 서른이 될 때까지 자신이 할 일을 정하지 못한 채 다양한 수련과 경험을 쌓았다.

요즘은 고학력 시대인지라 4년제 대학은 필수이다. 대학원에 진학하는 사람도 많아졌고 사회에 첫발을 내딛는 나이가 서른이 넘는 사람도 늘어났다. 사회에 나온 지 4~5년 안에 뜻을 굳게 세우는 것도 상당히 어렵다. 게다가 공자나 사카모토 료마 시절과 비교해볼 때, 현대인의 정신연령이 10살 정도 늦되다. 다시 말해 그들은 지금으로 치자면 40대에 뜻을 세웠다는 말이 된다. 현대의 시대상으로 볼 때, 30대에 뜻을 세워도 충분하다. 물론 일찍 사회생활을 시작한 사람은 뜻을 세우는 시기도 그만큼 빠를 것이다. 그러나 뜻을 세우는 데 나이는 중요하지 않다.

조급해하지 말고 다양한 경험을 해보자. 사회인은 학생보다 금전적으로 자유롭다. 여윳돈을 독서와 여행 등에 투자하여 마음속 깊이 남는 경험을 하라. 노는 것도 하나의 인상 깊은 경험이다. 단, 어중간하게 놀지 말고 가슴이 떨릴 정도로 놀아야 한다.

뜻을 세우고 '세계에서 활약하는 인재'가 되려면 할 일도 많고 알아두어야 할 것도 많다. 지금부터 차근차근 생각해보자.

내 인생, 리드하려면
계획이 필요하다

뜻을 실현해가는 과정을 시간 축에 따라 설계한 것이 '인생 계획 (Life Plan)'이다. 무슨 일이든 계획 없이는 이루어지지 않는다. 발길 닿는 대로 다니는 여행이 나쁘다고는 할 수 없지만 그런 여행은 자신이 의도한 방향으로 가지 않기 마련이다. 자신이 원하는 방향으로 가기 위한 인생 계획을 세우고 그날을 새로운 출발점으로 삼는다. 이를 염두에 두고 가능한 한 계획을 이루어가는 방향으로 하루하루를 살아가자. 인생 계획을 세우는 방법으로 자신의 인생을 적은 연대기를 작성하고 그에 따른 라이프워크 포트폴리오를 만드는 법을 알아보자.

나의 인생연대기(人生年代記)를 쓴다

목표 지점에 도착하기 위해 언제까지 어디에 도착할지를 정하는 것이 인생연대기이다. 인생연대기를 쓰는 일은 그리 어렵지 않다. 몇 살까지 살지는 모르지만 적당히 여든까지 산다고 가정하고 몇 살에 무엇을 할지를 쓴다. 그러고 나서 이를 실현하려면 몇 살까지 무엇을 해야 하는지 역산해서 써넣으면 된다.

예를 들어, 40세까지 우주에 가고 싶다는 뜻을 품었다고 하자. 그러려면 35세에는 NASA의 우주비행사 후보생이 되어야 한다. 이 말은 늦어도 30세에 과학기술에 관련된 박사 학위를 따야 한다는 뜻이다. 이런 식으로 거슬러 올라가며 무엇을 해야 할지 생각하면 된다. 그러나 미래의 일은 알 수 없는 법이고, 삶 또한 마음먹은 대로 되지 않는다. 당연히 연대기에 기록한 대로 다 이루어지지 않는 것이 현실이다. 실패해도 괜찮다. 그때마다 고쳐 쓰면 된다.

일본의 국가대표 수영선수인 기타지마 고스케(北島康介)는 자신을 특별 케이스라고 생각하는 젊은 선수들에게 이렇게 말했다.

"나도 대회에서 몇 번이나 실수를 했다. 그럴 때마다 이긴 사람이 대단하다고 부러워하지 않았다. 무엇을 잘못했고, 그 원인이 무엇인지 고민했다. 그러면 실력은 나아질 수밖에 없다."

성공한 사람은 누구나 실수와 실패를 거쳐 그 자리에 올랐다. 실수와 실패는 누구나 겪는 일임을 잊지 말자.

인생연대기는 과거를 돌아보며 쓰기도 한다. 미래는 지금까지 겪은 경험을 토대로 형성되기 때문이다. 그러나 과거보다 더 중요한 것은 앞으로 일어날 일이다. 지나간 일을 정리하는 데 많은 시간을 쏟지 말고, 앞날을 생각하는 데 시간을 들이자. 이미 흘러가버린 과거는 바꿀 수 없지만 미래는 스스로 개척할 수 있다. 인생연대기는 길고 복잡하게 적지 말고 딱 보면 알 수 있도록 한 장에 정리하여 자신이 정한 미래에 도달하기 위한 지도로 활용하자.

목표를 정했다면 어떻게 실현할지, 가는 길을 정해두어야 한다. 그러지 않으면 절대로 도착할 수 없다. 물론 목표가 우연히 실현되는 경우도 있다. 그런 것을 보고 우리는 '운이 좋다'고 말한다. 뭘 하든 운이 따른다면 좋겠지만, 인생에는 운이 따를 때보다 그렇지 않을 때가 더 많다. 운과 상관없이 성공하려면 목표를 확실히 정하고 그곳에 도달하는 경로를 그리는 것이 좋다. 인생연대기에 인생 전체를 다 적어야 하는 것은 아니다. 그러나 뜻을 이루기 위해서는 작은 목표나 실천이 필요하다. 지금 가만히 앉아 있는데 목적지가 내게로 다가올 리 만무하다.

책을 쓰는 일을 하다 보니, 종종 책을 쓰고 싶다는 사람들이 상담을 하러 온다. 그러나 신기하게도 그들 대부분은 책을 쓰기 위해 아무런 노력도 하지 않는다. 그러니 시간이 흐른들 책이 나올 리 없다. 실제로 원고를 쓰고 출판사에 보내는 등 차근차근 할 일을 해나가다 보면, 그리 멀지 않은 시기에 책을 낼 수 있다. 그러나 아무것도 하지 않으면 평생 가도 꿈을 실현할 수 없다.

인생연대기는 커다란 꿈을 향해 작은 걸음을 한 걸음씩 내딛는 기록이다. 일단 목표까지 가는 길을 그려보자.

라이프워크 포트폴리오를 들고 다닌다

인생연대기에 언제 무엇을 할지를 써넣었다면 라이프워크 포트폴리오(Lifework Portfolio)를 작성하자. 여행을 할 때 돈을 잘 관리해야 한다면 인생을 살아갈 때는 시간을 잘 관리해야 한다. 뜻을 이루기 위해서는 내가 가진 시간을 어디에 얼마나 쓸지 정하는 것이 중요하다. 라이프워크 포트폴리오란 주어진 시간을 알뜰하고 정확히게 사용하는 방법을 정리해둔 휴대용 메모장이다.

일본에서는 1980년대까지 회사에 자신의 모든 시간을 바치는 것을 당연시했다. 그러나 1990년대 이후, 거품경제가 무너지고 정리해고가 이루어지면서 회사와 개인의 관계가 크게 바뀌었다. 한국도 마찬가지이다. IMF와 금융위기를 겪으며, 인생을 회사에 의존하기에는 리스크가 너무 크다는 인식이 생겨났다. 자신의 장래를 위해 어디에 어떻게 시간을 써야 할지 고민해야 하는 시대가 되었다는 말이다. 그러나 대다수 사람들은 하고 싶은 일이 있어도 그것을 실현하기 위한 시간을 좀처럼 내지 못한다. 먼 장래에 이루고 싶은 뜻보다는 오늘 당장 먹고 사는 문제가 급하기 때문이다. 뜻을 위해 하는 작업을 '라이프워크(Lifework)', 밥을 위해 하는 작업을 '라이스 워크(Ricework)'라고 한다. 먹고 사는 문제도 분명히 중요하다. 그러나 뜻은 마음속에 가둬놓고 평생 라이스워크만 생각하며 살아도 괜찮을지 진지하게 자문자답해보자.

지금 당장은 대부분의 시간을 라이스워크에 쏟아야 할지도 모른다. 그러나 뜻을 이루기 위해서는 1년 후, 5년 후, 10년 후 더 많은 시간을 라이프워크에 써야 한다. 앞으로의 시간을 라이프워크에 쓰기 위해 지금 무엇을 해야 하는지 포트폴리오에 기록하라. 인생연대기를 현실에서 이루기 위해 주어진 시간을 라이스워크와 라이프워크에 각각 얼마나 쓸지, 포트폴리오에 정리하는 것이다. 지금은 라이프워크를 위해 단 1분도 쓰지 않는 사람이 내일부터 당장 모든 시간을 라이프워크에 쓰려고 마음먹는다고 해서, 생활이 금방 바뀌지는 않을 것이다. 그러므로 지금부터 라이프워크에 매진할 준비를 하고 습관을 들여야 한다. 업무와 회사 내 활동뿐만 아니라 스터디모임에 참여하고 비즈니스 강좌를 다니는 등 미래를 준비하는 것도 라이프워크이다. 가족과 보내는 시간이나 자원봉사와 취미활동도 포함된다. 좋은 라이프워크 포트폴리오란 내가 원하는 삶이나 꿈꾸는 미래를 위해 시간을 분배하는 것이다.

인생연대기나 라이프워크 포트폴리오라는 말이 막연하고 어렵게 보일지도 모른다. 잘못 쓰면 어떻게 하나 걱정부터 하지 말자. 간단하게라도 인생연대기와 포트폴리오를 써보는 것 자체가 중요하다. 그리고 그것을 수첩에 적거나 가방이나 넣고 다니면서, 틈날 때마다 우연히 떠오른 내용을 하나씩 추가해나가며 고치면 된다. 이렇게 하면 스스로 만족할 만한 인생의 설계도를 완성할 수 있다.

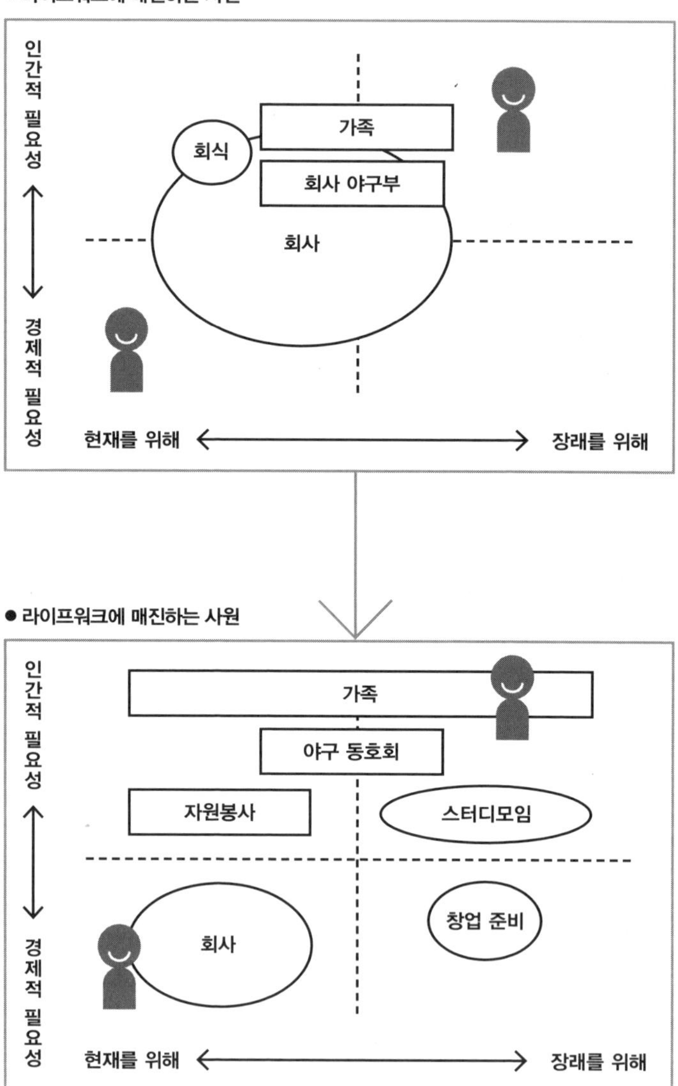
● 라이스워크에 매진하는 사원
인간적 필요성
가족
회식
회사 야구부
회사
경제적 필요성
현재를 위해
장래를 위해
● 라이프워크에 매진하는 사원
인간적 필요성
가족
야구 동호회
자원봉사
스터디모임
창업 준비
회사
경제적 필요성
현재를 위해
장래를 위해

더 많이 보는 경험이
더 풍부한 삶을 만든다

인생의 여행길에서 목표를 향해 가는 방법은 여러 가지다. 버스를 타도 좋고, 비행기를 탈 수도 있다. 하지만 이러한 전략을 짜기 전에, 버스나 비행기를 탈 만한 능력을 갖추어야 한다. 일생을 평사원으로 살고 싶은 사람은 드물 것이다. 세상에 이바지한다는 포부든 언젠가 사장이나 부자가 되고 싶다는 솔직한 목표든 상관없다. 그 뜻을 이루기 위해서는 꾸준한 자기계발이 필수이다.

회사에 인생을 거는 시대는 지났다. 회사의 가치가 아닌 자신의 가치를 갈고닦는 사람들이 많아졌고, 자기계발 붐이 일고 있다. 자기계발에는 여러 가지가 있다. 여기에서는 어떤 책을 읽어라, 무슨 수업을 들어라 등의 실천 방법이 아니라 회사 밖의 다양한 활동과 이를 통한 자기계발 방법을 소개하고자 한다. 회사 밖의 활동을 어떻게 활용하느냐에 따라 성장의 정도가 달라진다. 밖에서는 회사에서와 다른 직위를 경험할 수 있고, 다양한 사람을 만날 수 있다. 경제적인 관점에서는 부업을 통해 이익을 올릴 수도 있다. 그러나 그것이 자신의 브랜드를 만드는 데 도움이 되어야 한다는 것과 주된 업무에 지장을 주지 말아야 한다는 점을 잊지 말자.

회사 밖에서 리더십을 배우자

회사에서는 평사원이라도, 회사 바깥에서는 리더가 될 수 있다. 이 경험은 회사 밖에서 할 수 있는 활동에서 얻을 수 있는 가장 큰 장점이다. 평사원의 입장에서만 생각하고 행동한다면 가치관까지 평사원 수준에 머무르게 된다. 스터디모임, 자원봉사 단체, 소소한 행사 무엇이든 좋으니 조직에서 가장 높은 사람이 되어보는 것이 중요하다. 평사원으로만 살면 자립심이 약해지기 마련이다. 반면 조직의 높은 자리에 있으면 다양한 마찰과 대립을 조정해야 한다. 그런 문제를 내가 해결한다는 마음가짐이 필요하다.

회사 밖에서 리더가 되어보면 회사 안에서 하는 일에도 책임을 가지고 주체적으로 대처하게 된다. 다시 말해, 회사 밖의 활동과 회사 안의 일 사이에 선순환이 생기는 것이다. 자기 시간을 쪼개어가며 회사 밖에서 활동을 하더라도 리더가 되어보지 못하면 그 효과는 반감된다. 회사에 고용된 몸이라도 마음은 언제나 사장이라고 생각하자.

회사를 벗어나서 할 수 있는 활동은 반상회, 아파트 관리조합, 기술연구 모임, 외국인 교류회, 집필이나 강연회 등 무척 다양하다. 이런 모임에서는 '고용주'와 '고용인'이라는 양분구조가 없다.

앞으로는 상황에 따라 위에 서는 사람과 그 아래에 따르는 사람이 바뀔 것이다. 이는 마치 자신의 영토를 가진 영주와 같다. 영주는 왕에게 충성을 바치는 신하임과 동시에 자신 역시 영지를 관리하는 관리자이다. 미래에는 이렇게 한 사람이 여러 개의 직위를 가지는 구조로 변할 것이다.

회사의 직위는 계약된 범위에서만 고용 효과가 발생하는 상하관계이다. 직위가 높은 사람이 곧 능력이 뛰어나거나 대단하다는 뜻은 아니라는 말이다. 창업이나 전직으로 고용 관계가 바뀔 수도 있고, 회사에서는 능력이 부족해 보이는 사람이 밖에서는 크게 활약할 수도 있다. 누구든지 한 번 정도는 위에 서봐야 의욕도 생기고 시야도 넓어진다.

나만의 인맥을 만들자

예전에는 회사 밖의 인맥에 대해 부정적으로 보는 일이 많았다. 회사 밖의 사람과 적극적으로 연결고리를 만들려는 사람은 조직에 만족하지 못하거나 충성심이 부족한 사람이라고 받아들인 것이다. 그러나 2000년대 이후에는 소셜 네트워크 서비스(SNS, Social Networks Services)가 보편화되면서 회사 밖에서도 모임(Community)을 갖는 것이 자연스러워졌다. 특히 페이스북이나 트위터는 글로벌 인맥을 만드는 데 견인차 역할을 하고 있다.

다양한 사람들을 만나며 경험을 쌓는 것이 좋다는 사실은 알고 있어도, 갑작스럽게 인맥을 만들려면 막막하기만 하다. 그럴 땐, 학창 시절에는 친했지만 사회생활을 하면서 멀어진 친구들과 친목 모임을 마련하면 어떨까? 자신이 주체적으로 모임을 진행하는 것만으로도 충분히 의미 있는 일이다. 더 용기를 내어 평소에 관심 있던 분야의 스터디모임에 참여하는 것도 좋다. 진지한 일을 논의하지 않고 잡담만 나눠도 상관없다. 평소에 만나지 않던 사람과의 만남, 그 자체만으로도 새로운 활력을 느낄 수 있을 것이다.

수입원은 다양할수록 좋다

젊어 고생은 사서 한다는 말처럼 젊었을 때는 몸을 쓰는 일을 해도 좋다. 하지만 나이가 들어서까지 그럴 수는 없다. 노후를 생각하고 자기 뜻을 실현하려면, 굳이 몸을 써서 일하지 않아도 소득을 올리는 방법은 없을지 한 번쯤 생각해보는 것이 좋다. 가장 좋은 방법은 일하지 않아도 수입을 얻는 '불로소득'의 비율을 높이는 것이다. 불로소득이 있으면 당장 수입으로 이어지지 않는 일에 자기 시간을 편히 쓸 수 있다. 어떤 일을 처음 시작할 때는 아무래도 수입을 얻기 어렵다. 따라서 사업을 막 시작하여 당장 수입을 얻기 어려울 때는 불로소득이 중요한 역할을 한다. 회사원이 얻을 수 있는 불로소득에는 아파트 월세, 주식 배당금, 출판물의 인세, 블로그 광고 수익 등이 있다.

2000년대에 들어서 인터넷의 발달로 온라인 주식거래나 경매가 활발해지고, 자신의 경력을 쌓을 수 있는 방법도 다양해졌다. 다소 생소한 개념이지만 어필리에이트(Affiliate, 링크로 상품을 소개함) 등 회사에 근무하면서도 부수입을 얻을 기회도 늘었다. 인터넷 검색으로 개인 블로그나 홈페이지에 접속하면 원하는 내용 이외에도, 상품 광고가 뜨는 것을 종종 볼 수 있다. 그 상품 링크를 통해 소비자가 물건을 구입하면 그에 해당하는 수수료를 받는 것이 어필리에이트의 대표적인 예이다. 필자의 회사 후배 중에는 취미로 매킨토시(Macintosh)에 관한 팁을 쓴 홈페이지를 개설했다가 뜻밖에 돈이 들어왔다는 사람이 있다. 그는 자신이 발견한 매킨토시의 특이한 기능이나 숨겨진 기능을 무료로 블로그에 올려서 매킨토시의 팬들과 교류했다. 후배의 홈페이지를 타고 들어온 사람들이 책이나 매킨토시 주변기기를 구매해서 그 수수료를 받은 것이다. 어필리에이트를 할 때는 무료 홈페이지를 이용할 수 있기 때문에 금전적인 부담은 전혀 없다. 그러나 처음에는 홈페이지를 개설하거나 중개 회사에 등록하고, 설정해야 할 것이 많아서 어렵다고 느낄 수 있다.

그럴 때는 인터넷 주식거래에 도전해보자. 지금은 인터넷으로 주식거래를 쉽게 할 수 있고, 매매 기본단위도 10주(코스피는 10주, 코스닥은 1주)이므로 적은 돈으로도 주식을 할 수 있다. 이 역시 인터넷 증권에 등록해 자금을 넣는 절차가 필요하다. 하지만 인터넷의 각 증권사가 고객 유치를 목적으로 계좌를 개설하는 방법을 쉽게 설명해놓았다. 어필리에이트보다 더 쉽게 시작할 수 있지만 주식투자는 이익을 얻을 가능성만큼 손해를 볼 위험성도 크므로 주의를 기울여야 한다. 주식에 투자하는 경우 손해날 일이 거의 없는 견고한 주식을 사는 편이 좋다. 주가의 오르내림에 따라 사고팔기보다 배당금(회사의 이익을 주주들에게 분배하는 것)을 확실하게 챙기는 것이 안정적이다. 주식은 적은 돈으로 간편하게 투자할 수 있는 방법이다. 오늘 술자리에 빠지고 남은 돈, 놀러 가지 않고 아낀 돈으로 착실하게 투자해보면 어떨까?

회사 밖에서 벌어들인 수입을 주식에 투자하는 '돈 버는 투자'도 좋지만 자신에게 투자하는 것도 잊지 말자. 공부하려고 책을 사거나 학원을 다니는 등 '돈을 쓰는 투자'가 바로 그것이다. 그렇다면 만약 공부도 하고 싶고 돈도 불리고 싶을 때는 어떻게 할까?

국세청 수사관과 탈세범의 싸움을 재미있게 그린 이타미 주조(伊丹十三) 감독의 영화 〈마루사의 여자(マルサの女)〉(1987)를 보면

탈세범이 수사관에게 이렇게 말하는 장면이 있다. "댁들은 목마르면 물을 마시죠? 컵에 부어서. 그러면 돈 못 모아요. 전 안 마십니다. 참죠. 컵에 부어서 넘친 것만 마십니다." 이를 투자에 적용해보면 투자를 해서 얻은 이익 만큼 자기계발에 다시 투자한다는 말이 된다.

다양한 수입을 얻을 때 주의점

회사원에게 월급 외에도 소득이 존재하는 사실 자체는 법률상 아무런 하자가 없다. 공무원은 '직무전념의무'가 있어 부업을 하는 데 제약이 많지만, 그에 비해 회사원은 근무 시간 외에 자기 근무에 영향을 미치지 않는 범위에서는 문제없다. 그러나 회사마다 다를 수 있으므로 회사의 사칙을 확인하기 바란다.

회사의 월급 외의 수입을 얻을 때 주의해야 할 점이 있다. 첫째, 부업을 하더라도 자기 장래와 관련된 공부나 브랜딩(Branding)에 적합한 것을 고른다. 예를 들면, 자신이 하고 싶은 분야의 책을 읽고 블로그 등에 서평을 공개하는 것이다. 서평이 인기를 끌고 유명세를 타면 강연이나 집필 의뢰가 들어오기도 한다. 그렇게 자신이 몸담고 싶은 분야에서 자신의 브랜드를 만들어감으로써 뜻을 실현하는 길에 가까이 갈 수 있다.

둘째, 월급 외의 소득에 대한 세금을 내야 한다는 점을 기억하자. 회사에서는 개인이 부담해야 하는 세금을 제외하고 남은 금액을 월급으로 지불한다. 따라서 세금에 신경 쓸 필요가 없다. 하지만 회사 밖에서 얻은 수입은 스스로 세금을 계산해야 한다. 이 사실을 잊고 지내면 자신도 모르는 새에 탈세라는 죄를 짓게 된다.

셋째, 지극히 당연한 말이지만 회사 일에 지장을 주지 않더라도 경쟁사에서 일해서는 안 된다. 업무 내용이 비슷하기 때문에 프리랜서로 경쟁회사에서 일하기 쉽다. 하지만 그만큼 거래 정보나 노하우가 유출될 가능성도 크다. 대부분의 기업이 취업 규칙 등에서 명확하게 금지하고 있다. 실제로 동종 업계로 이직한 어떤 사람이 이전 회사에서 설계한 상품을 이직한 회사에서 그대로 설계한 일이 있다. 소프트웨어 프로그램, 눈에 보이지 않는 전문지식이나 정보는 다른 곳에서 이용된들 그것이 도용된 것인지 알아볼 방도가 없다. 결국 이는 신뢰 문제다. 자신에게 돈을 주는 사람에게 피해를 입혀서는 안 된다는 프로 의식을 가지자.

사내활동과 사외활동은 분명하게 구분하자

인맥이든 수입이든 회사 안의 일과 바깥의 일은 별개로 생각해야 한다. 개인적으로 이런 사람을 안다거나 월급 외에 이런 수입원이 있다는 이야기를 회사에서 공개적으로 말하는 것은 시기상조이다. 회사라는 조직은 여전히 낡은 구조를 가지고 있다. 사외활동을 포함한 인생의 포트폴리오에 대해 공개적으로 대화하기까지는 아직 시간이 필요하다. 언젠가는 그런 시대도 오겠지만 지금은 신중하게 대처하는 편이 좋다.

반대의 경우도 마찬가지이다. 회사의 일을 바깥에 발설하는 것도 조심해야 한다. 잠깐의 실수로 회사의 정보가 밖으로 새는 등 회사와 주주에게 손해를 끼칠 수도 있다. 특히 공표되지 않은 경영 관련 정보를 친구에게 말하는 것만으로도 '내부자 거래(Insider Trading, 미공개 정보를 이용한 회사 관계자의 거래) 규칙' 위반으로 법적 처벌을 받을 수 있다. 직위가 낮을 때는 회사에 손해를 끼칠 만한 정보를 알지 못하므로, 회사 내부의 사정을 아무렇지 않게 말하곤 한다. 그러나 마음을 놓고 말하다가는 새나가면 안 되는 정보를 발설하게 될 수도 있다. 믿을 수 있는 상대라도 내부자 거래가 될 만한 정보는 발설하지 않는 것이 좋다. 상대가 무의식 중에 말한 내용을 당사자 몰래 이용해서도 안 된다. 이 경우 자신은 물론 상대까지 형사처벌 대상이 될 수 있기 때문에 법을 지키는 윤리관을 갖출 필요가 있다.

혹자들은 회사에서 보내는 시간을 온(On), 그 밖의 시간을 오프(Off)라고 부르기도 한다. 이 말은 소니의 전 CEO인 이데이 노부유키(出井伸之)가 자신의 책《ON&OFF》(청림출판, 2003)에 쓰면서 더욱 유명해졌다. 그는 소니 홈페이지에 와인, 음악, 자동차, 유명인과의 식사 등 사석에서의 취미와 활동에 쓴 글을 바탕으로 책을 냈는데, 이런 주장을 담고 있다.

'누구나 온과 오프가 있다. 그리고 이것은 완전히 분리된 것이 아니다. 성공한 인생은 온이 오프에, 오프가 온에 서로 바람직한 순환을 이루는 과정에서 만들어진다.'

이 말은 CEO인 그가 관료화하기 시작한 소니에 다시 한 번 창조성의 불을 지피기 위해 일부러 꺼낸 것이라고 생각한다. 이데이처럼 특수한 입장이 아니고서야 오프의 이야기를 쉽게 밝히기는 힘들다.

인맥이 있다고 해서 나쁠 것은 없지만 여기저기 알리고 다닌다고 딱히 득이 되지도 않는다. 잘 아는 회사 간부나 유명한 고객 혹은 가족이 있다거나, 재산이 많다는 등 남들보다 특별한 것이 있어도 함부로 말하지 않는 편이 좋다. 이데이는 특별한 케이스다. 조직에서 권한이 절대적으로 높은 사람 외에는 섣불리 오프 이야기를 사내에서 꺼내지 않는 것이 좋다. 회사 밖에서 하는 활동은 아무 말하지 않아도 회사 일에서 질(質)로 나타난다. 굳이 회사 안에서 이야기할 필요는 없다.

경쟁력 있는 사회인이 되기 위하여

앞서 회사 밖의 활동의 장점과 주의점을 설명했지만, 사회인이 되자마자 회사 밖에서의 부업부터 생각하는 태도는 좋지 않다. 초반 몇 년은 자기 일에 전념해 전문성을 높여야 한다. 하지만 거기에 안주하고 발전하지 않는다면, 뜻을 이룰 수 없다. 일반적으로 회사 일은 몇 년만 지나면 익숙해지기 때문에 꾸준히 자기계발을 하지 않으면 나이와 반비례하여 능력이 점점 떨어지게 마련이다. 그에 대한 대비책의 일환으로 앞서 회사 밖의 다양한 활동을 권유한다. 그리고 그 경험을 바탕으로 두 번째 전문분야에 도전해보자.

전문분야가 2가지 이상이라면, 각 분야를 융합해 이전에는 불가능했던 자신만의 부가가치를 생산할 수 있다. 또한 전문분야를 늘리고, 융합하는 과정을 반복하면 세월의 흐름도 거스를 수 있다. 유학이나 전직, 창업과 겸업을 계기로 전문분야를 확대하는 것도 가능하다.

겸업은 부업과 다른 개념이다. 부업은 본업이 아닌, 업무 외 시간에 짬을 내어 하는 부수적인 일을 말한다. 반면 겸업은 본업이 여러 개인 상태다. 처음에는 부업으로 시작해 겸업으로 발전하는 형태도 많다. 외국계 기업에 다니는 지인 중 한 명은 회사 일 외에도 기업연수 강사와 부동산 투자가로 일한다. 본인의 말을 빌리자면, 자신에게 강사는 '천직(天職)'이요, 투자가는 '적직(適職)'이라고 한다. 각각의 수입도 전체 수입의 1/3씩 된다고 하니 그야말로 겸업이다.

또 다른 지인 중 한 명은 회사에서 받는 급여가 전체 수입의 8할 정도를 차지하지만, 겸업으로 주말마다 비즈니스 강좌에서 강의를 한다. 그는 강사로서 일하며 강의를 준비하는 것이 회사 일에도 좋은 영향을 미친다고 말한다.

당연한 말이지만, 회사 밖에서 활동하느라 진이 빠져 회사 일을 소홀히 해서는 안 된다. 본업인 회사 일에 소홀하면서 다른 일을 제대로 한들 의미가 없다. 복수의 본업을 갖기보다 오히려 본업에 충실하면서 절약하고 투자 자금을 모으는 것이 자기계발을 위한 무기가 된다. 회사 밖에서 열정적으로 활약하는 사람이 회사에서도 열정적으로 큰일을 해낸다는 사실을 기억하자.

미래에 투자하는 방법 중 가장 효과적인 것은 절약이다. 젊은 시절에 몸에 밴 절약 습관은 평생 사라지지 않는 재산이 된다. 회사 밖에서 부업을 한다면, 시간이나 노동력 등 다양한 부분에서 부담이 늘어나게 마련이다. 하지만 절약할 때는 부담이 거의 없다. 절약한 돈으로 부업을 하는 시간에 유학을 가거나 창업을 하는 식으로 자신에게 투자할 수 있다는 장점도 있다.

크게 의식주(衣食住)로 나누어 절약하는 습관을 들이자

의(衣)

분수에 맞지 않는 비싼 옷이나 신발은 사지 말자. 너무 꾀죄죄하게 다니는 것은 추천하지 않는다. 꼭 비싼 옷이 아니더라도 깔끔하게 입고 다니는 것이 절약의 포인트이다.

식(食)

술자리에 가지 않는 것이 음식에 지출되는 비용을 줄이는 가장 효과적인 방법이다. 술자리에 빠져서 남은 돈을 저축하는 것이 슬기로운 절약 습관이다. 미래에 저축한다는 생각을 갖도록 하자. 술자리가 아니라도 친목을 다질 방법은 많다. 점심 모임을 열거나 술이 아니라 차를 마시기만 해도 상당한 돈을 아낄 수 있다. 돈뿐만 아니라 시간과 체력까지 절약할 수 있으니 일석삼조(一石三鳥)이다.

주(住)

부모님과 함께 살거나 회사 기숙사 등을 이용할 것을 추천한다. 집을 꼭 사야겠다면 신축 아파트가 아닌 것으로 고른다. 자동차 등의 유흥비도 절약 후보 1순위다.

월급을 절약해서 생활하기 어렵다면 보너스를 노리자. 이 말은 보너스를 받을 만한 능력 있는 사원이 되어야 한다는 뜻이다. 보너스에 따라 장래를 위한 비축분이 크게 달라진다.

내가 평소에 쓰던 양을 무턱대고 줄이려면 하면 힘들고 짜증나기 마련이다. 절약을 더 쉽고 재밌게 즐기기 위해서는 그 자체로 쾌감을 느끼는 것이 좋다. 절약에 중독되라. 일반적으로 중독은 나쁜 의미로 쓰이지만 절약만은 예외다.

주식은 즐기는 것

취미로 에너지 NPO에 투자 하는 마병옥 씨

마병옥 씨(62세)는 원래 발전기를 설계하는 기술자였다. 본인 말을 빌리자면 '국가 대표 기술자'이다. 그는 마흔 무렵부터 은퇴를 준비할 겸 환경사업을 하는 기업의 주식에 투자했다.

"제 취미가 주식 투자입니다. 발전기를 설계하고 설치하는 일을 하다 보니, 자연스럽게 풍력발전 펀드나 환경 NPO(비영리민간단체)에 관심이 가더군요. 그래서 그쪽 분야에 투자하기 시작했죠."

주식 배당으로 얻은 수입은 다시 취미활동에 사용한다. 풍력발전 펀드에 투자하거나 산간 마을에 수력 자가 발전기를 설치하는 NPO에 출자하는 것이다. 처음에는 NPO에서 수익을 기대하기 힘들었다. 하지만 소형 수력터빈을 설치하러 여러 산간 마을을 다니면서 직접 보고 들은 정보를 토대로 투자하자, 점점 수입이 늘었다. 자신이 직접 움직이므로 자가발전용 소형 수력터빈을 설치해주고 일당을 받는 등 작은 수입도 얻을 수 있다는 게 마 씨의 설명. 지금은 1억 원 가까운 주식을 보유하고 있으며, 배당금만으로 들어오는 수입이 연간 3000만 원이다. 그는 발전기와 관련된 지식을 기반으로 환경사업에 관한 책을 펴내기도 했으며, 그 내용을 바탕으로 강의도 하는 등 오늘도 활발하게 활동하고 있다.

· 뜻을 품어라

· 뜻에 따른 인생 계획을 세워라

· 회사 밖에서도 활동하라

· 월급 외에도 수입을 얻어라

· 회사 안과 밖은 철저히 분리하라

2장

지름길로 가는 전략을 세운다

이기고 싶다면 전략을 세워라

회사원의 전략과 목표

원래 전략은 전쟁에서 승리하기 위해 만들어졌다. 현대사회에서 말하는 전략 또한 기업이 타사와의 경쟁에서 이기기 위해서 세우는 것이다. 전략이라니, 평범한 회사원들에게 현실감 없는 이야기일지도 모른다. 회사원에게 전략이 필요할까? 필요하다면 어떤 전략을 세워야 할까?

필자도 그렇지만 누구나 '출세하고 싶다, 부자가 되고 싶다'는 꿈을 꾼 적이 있을 것이다. 그러나 처음부터 막연히 사장이나 임원이 되고 싶다거나 부자가 되고 싶다는 목표를 세운다고 해도, 목표가 금방 이루어질 리가 없다. 100km 밖의 적을 물리치겠다고 무작정 돌진한다면 절반도 가지 못해 지쳐버리듯, 이루어질 가능성이 희

박한 목표를 향해 무작정 노력하는 것은 오히려 목표와 멀어지게 만들 뿐이다. 따라서 사장이나 부자가 되지 않더라도 '성공했다'고 말할 수 있는 주관적인 목표도 세우는 것이 좋다.

주관적 목표는 타인에게 좌우되지 않아야 하며, 절대적인 기준이 없어야 한다. 이런 기준만으로 목표를 세우면 일의 성패를 주관적으로 판단하게 되어 뜻을 향한 태도가 안일해질 수 있다. 그러므로 '주관적 목표'와 '객관적 목표' 2가지를 함께 세우는 것이 좋다. 주관적 목표는 자신이 주관적으로 판단할 수 있는 목표, 객관적 목표는 다른 사람이 보아도 객관적으로 평가되는 목표이다.

주관적 목표는 '많은 사람에게 호감을 산다' 등이 있고, 객관적 목표로는 '사장이 된다'가 있다.

필자는 '사장이 된다'라는 객관적 목표를 두고 전략을 세웠다. 객관적 목표는 성패가 드러나기 때문에 전략의 성공 여부를 바로 알 수 있다. 지금도 그 목표는 이어지고 있으며 전략도 수정해가고 있다. 한편 '교육자가 된다'라는 주관적인 목표도 세웠다. 주관적 목표는 스스로 판단해야 하므로 전략이 맞아들었는지를 알기 쉽지 않다. 그러나 객관적 목표 달성에 실패했을 때 흔들리지 않게 하는 길잡이가 된다.

승리를 부르는 4가지 전략

누구나 경쟁에서 이기고 싶은 심리가 있다. 치열한 취업 경쟁에서도 그렇고, 친구들과 재미로 하는 게임에서도 누구에게나 타인을 이기고자 하는 경쟁심리가 존재한다. 사람들은 동서고금으로 이기기 위한 방법을 연구해왔다. 그러나 안타깝게도 '인생 게임'에서 필승하는 비법은 아직 찾아내지 못했다. 대신 '이렇게 하면 이길 확률이 높다'는 법칙은 알아낼 수 있었다. 물론 무조건 그 법칙을 따라야 하는 것은 아니다. 그러나 법칙을 지키든 지키지 않든 알아두는 편이 좋다.

이 책에서는 4가지 법칙을 소개하겠다. 이 법칙들은 회사생활 전략뿐만 아니라 인생 전략으로 써도 효과가 있다. 인생 계획을 실행할 때도 적용해보자.

strategy 1: 집중 우위의 법칙

전략론의 제1법칙은, 비록 자신의 능력이 열세이더라도 적의 가장 약한 부분에 모든 전력을 집중하면 이길 확률이 높다는 것이다.

한곳에 전력을 집중하려면 선택을 잘해야 한다. 승률이 낮은 것은 하나씩 제외하고, 남은 것을 선택한다. 이것도 하지 않고 저것도 포기하고 딱 하나에 집중하겠다고 정하자. 그리고 일단 하기로 마음먹었다면 반드시 이긴다는 생각을 가져야 한다. 기업은 성장

전략이 여러 갈래로 나뉘어 전력이 분산되는 일이 종종 있다. 주주가 단기적인 성과를 보일 것을 요구하다 보니 승리의 왕도에서 벗어나는 것이다. 반면에 개인은 온전히 자신이 원하는 대로 선택하고 집중할 수 있다. 승률이 가장 높은 것, 자신이 가장 잘할 수 있는 것을 찾았다면 망설이지 말고 끝까지 해낸다는 믿음으로 전략을 세워보자.

strategy 2: 선행 우위의 법칙

영어에 'First mover's advantage'라는 말이 있다. 해석하자면 '먼저 먹는 놈이 임자'라는 뜻이다. 비즈니스 정글에서는 비슷한 시기에 동종 회사가 경쟁을 벌이는 경우가 많다. 전략론의 제2법칙은 여기에서 시작한다. 선행우위의 법칙은 다른 경쟁자들보다 한 걸음 먼저 출발하는 것만으로도 큰 이익을 얻을 가능성이 높다는 것이다.

'빌 게이츠가 될 뻔한 남자'라 불리는 사람이 있다. 바로 게일리 킨들이라는 기술자다. 그는 IBM이 개인 컴퓨터의 기본 소프트웨어를 찾던 당시에 빌 게이츠보다 더 주목받았다. 그러나 정작 IBM에서 일을 의뢰하려 했을 때, 출장 중이어서 바로 계약 교섭을 시작하지 못했다. 반면 빌 게이츠는 IBM에서 접촉해 왔을 때, 그들이 원하는 기본 소프트웨어를 가지고 있지 않았다. 하지만 빌 게이츠는 소프트웨어를 손에 넣을 수 있다고 판단하고 바로 계약을 진행했다. 게이츠는 킨들로부터 소프트웨어를 사서 IBM에 제공했다. 이후의 성공은 독자 여러분이 아는 대로다.

필자는 지금처럼 인터넷이 발달하지 않았던 1996년에 'MBA'라는 키워드로 검색되는 홈페이지를 개설했다. 남들보다 한발 앞서 시작한 덕분인지 많은 사람들이 필자의 홈페이지를 추천했고, 지금도 MBA를 검색하면 상위에 필자의 홈페이지가 링크된다. 또한 일본에서 '조찬모임'이 유행하기 전인 2000년부터 조찬모임에 관한 홈페이지를 운영했기 때문에 그 홈페이지도 계속 상위에 랭크되고 있다.

strategy 3: 일관성 우위의 법칙

전략을 바꾸지 않고 꾸준히 밀고 나가는 자세가 강한 힘을 길러낸다는 법칙이다. 물론 유연함이 필요한 순간도 있다는 것은 명심해야 한다.

한 가지를 오랫동안 꾸준히 하면 자연히 노하우가 쌓이고 다른 사람이 도저히 따라올 수 없는 경지에 이르게 된다. 또 뚝심 있는 태도로 일관하면 남의 말에 흔들리지 않아 쓸데없는 투자를 막을 수 있다. 이 법칙을 회사 밖 활동에 적용하면, 더 큰 효과를 얻을 수 있다. 향후 자신이 일하고 싶은 분야의 책을 읽고 그 서평을 써서 사람들과 공유한다. 서평이 유명해지면 강연 의뢰가 들어오고 관련된 책을 쓰게 된다. 그 일과 관련된 분야의 인맥이 늘어나고 지식도 더욱 쌓인다. 그 지식과 정보를 활용해 그 분야의 주식에 투자하면 돈을 벌 수도 있다. 투자 히스토리를 블로그나 강연, 책으로 알려서 더욱 유명해진다. 이런 식으로 그 분야의 일이 더 늘어나고 전문가가 되는 것이다.

이처럼 한 분야에 매진하는 일관성을 유지함으로써 인생연대기와 라이프워크 포트폴리오가 훨씬 충실해진다. 이는 회사에서 업무를 할 때도 마찬가지이다. 같은 분야의 일을 계속 해나가는 것은 흔들리지 않는 능력을 다진다는 뜻이다.

strategy 4: 시행 우위의 법칙

행동력이 있는 사람은 이기기 쉽다는 법칙이다. '소규모'로 '단기간'에 행동으로 옮겨, 잘될지 아닐지 계속해서 시두하여 이길 확률을 높인다. 특히 새로운 것을 시도할 때는 정보가 전혀 없기 때문에 성공 확률을 알 수 없다. 따라서 가설을 시행해서 나타나는 결과를 파악해야 한다. 제품 개발에서는 시제품, 마케팅에서는 테스트 마케팅이 여기에 해당한다.

회사경영과 주식투자의 공통점이 무엇인지 아는가? 바로 그만두기 힘들다는 점이다. 지금은 이익이 바닥을 치고 있지만 조금만 더

버티면 V자를 그리며 회복할 것만 같다. 여기서 포기하면 일관성 우의의 법칙에 어긋나는 것이 아닌가 하는 생각도 든다. 정신과 물질이 정면으로 맞닥뜨리는 상황을 마주하게 된다. 이럴 때는 물질적, 정신적으로 손해가 적은 시점에 물러나는 것이 현명하다.

4가지 법칙은 서로 긴밀하게 관련되어 있다. 한 분야를 선택하고 집중하여 그 분야에서 한결같이 노력하면서, 남보다 먼저 움직여야 한다. 물론 이외에도 무수히 많은 전략이 존재한다. 그러나 어떤 전략을 쓸 것인가는 본인에게 달렸다. 자신만의 경험을 바탕으로 전략을 익혀나간다면 성공할 확률은 더욱 높아질 것이다. 아주 사소한 선택까지 포함해, 하나씩 의사결정을 해가면서 자신만의 전략을 만들자. 그 자체만으로도 시행 우위의 법칙에 따른 전략적 행동을 실천하는 것이다.

나만의 전략을 세워보자

나를 목표로 이끄는 전략

필자는 '회사원은 회사에 근무하면서도 회사에 의지하지 않고 사는 것을 목표로 해야 한다'고 생각한다. 앞서 말했듯이 평생 회사원으로 사는 것은 가슴 떨리는 목표는 되지 못한다. 누구든 간에 자신이 중심이 되어 개척하는 삶을 목표로 삼아야 한다. 그러나 아이러니하게도 회사원이 아니고서는 안정된 삶을 살기 어렵다. 당장에 먹고사는 문제가 걸려 있기 때문이다. 모순처럼 보이지만 '회사원으로서의 안정된 삶'과 '큰 포부'를 동시에 목표로 삼아야 한다고 생각한다.

주관적 목표를 위한 전략

필자를 예로 들어 설명하겠다. 나는 사회인이 된 지 1년째에(지금부터 20년 전) 인생의 주관적 목표를 '교육자가 된다'로 정했다. 교육자라고 하면 회사에서 부하를 가르쳐도 되고, 학교 선생님으로 전직해도 되므로 선택지가 넓었다. 입신양명도 하고 싶었지만 불가능할 수도 있으니 우선 자신이 세상에 어떤 역할을 달성하고 싶은지 주관적으로 판단할 수 있는 목표를 세운 것이다. 지금 내게 목표를 이루었느냐고 묻는다면 '교육자가 되었다'라고 전략의 승리를 당당하게 선언할 수 있다. 물론 진정한 교육자가 되려면 한참 멀었지만, 지난 10년은 교육자로서 살아왔다고 스스로 인정하기 때문이다.

그렇다고 그 20년 동안 한시도 목표를 잊지 않고 승리의 길을 걸어온 것은 아니었다. 사실 '교육자가 된다'라는 목표를 잊고 지낼 때가 많았다. 승리는커녕 일어서지 못할 정도로 크게 패배하는 일도 있었다. 그런데도 자신의 모든 힘을 전장에 투입해 포기하지 않고 꾸준히 노력해왔기 때문에 지금에 이르렀다. 앞에서 말한 전략 중 집중 우위와 일관성 우위의 전략을 썼다고 할 수 있다.

나는 항상 창업보다는 투자 위주의 기업가가 되고 싶었다. 내가 기회를 노렸기 때문인지, 회사원으로 있으면서도 그렇게 될 기회가 찾아오곤 했다. 그러나 내 실수로 인해 꿈을 이루지 못한 적도 있었고, 주변 상황이 좋지 못해 실패하기도 했다.

2000년에 《비즈니스 모델 특허전략》(이미지북, 2000)이라는 책을 냈다. 이후 비즈니스 모델 특허가 크게 유행하고, 사업 아이템을 상담하러 오는 사람이 많아졌다. 이때 남보다 먼저 출판했다는 사실이 사람들에게 신뢰를 주었다. 관련 분야에서 처음으로 출간된 책이어서 더 주목받았고, 좋은 이야깃거리도 먼저 들을 수 있었다. 이는 '선행 우위의 법칙'에 기초한 전략이다. 남보다 앞서려고 편집자와 급하게 책을 만들었던 기억이 난다.

그때 기업가가 되지 못했지만 책을 낸 덕분에 도쿄대 비상근 강사가 될 기회를 얻었다. 그곳에서 5년 동안 강의했다. 이때부터 교육자와 가까운 일을 하게 된 것이다. 5년 후 계약 기간이 끝나고 어떻게 해야 할지 망설이다가 혼자라도 계속 교육의 길을 걷기로 했다. 교육자가 되기 위해 스스로 강의를 개최한 것이다. 그리고 다시 5년이 흘렀다. 10년간 축적된 이 경험은 어마어마했다. 지금껏 내가 강의해온 '자신의 기술을 바탕으로 사업계획을 세운다'라는 분야에서는, 이미 다른 사람은 쫓아올 엄두도 못 낼 노하우를 쌓았다. 이는 '일관성 우위의 법칙'에 기초한 전략이다.

그 강좌를 하면서 시도해온 여러 경험이 이 책의 바탕이 되었다. 물론 예상을 벗어나 막힌 적도 많았지만, 많이 시도한 만큼 많은 것을 배웠다. 이것이 '시행 우위의 법칙'에 기초한 전략이다.

앞에서도 말했듯이 뜻을 세우기는 상당히 어렵다. 그러나 서른이 넘어 그간의 인생을 돌아보면, 전혀 연관성 없어 보이는 경험을 이어줄 무언가가 보인다. 그것을 인생의 목표로 삼고 그를 실현하기 위한 전략을 짜보자.

· 집중 우위의 전략

(전력을 한 점에 집중하면 강해진다)

· 선행 우위의 전략

(먼저 먹는 놈이 임자)

· 일관성 우위의 전략

(같은 일을 반복함으로써 강해진다)

· 시행 우위의 전략

(많이 시행해 많이 배우는 사람이 이긴다)

· 회사원의 전략을 세운다

3장
건강한 삶이 원하는
삶을 만든다

맑은 정신이
성공의 주춧돌이다

건강과 애인은 있을 때 챙기자

대부분의 사람들은 건강관리를 소홀히 한다. 당장 몸에 나타나는 적신호가 없기 때문이다. 그러나 건강은 한 번 잃으면 다시 회복하기 어렵다. 건강할 때야말로 그것을 유지하기 위해 노력해야 한다. 건강한 몸에 건강한 정신이 깃들고, 건강한 몸과 정신이 뜻을 이루는 원동력이 된다. 정신과 육체는 깊은 관계가 있으므로 떼어놓고 생각할 수 없다. 여기서는 따로 설명하지만 2가지를 함께 체크하며 자신의 건강 상태를 돌아보기 바란다.

정신건강(Mental Health)과 대사증후군(Metabolic Syndrome)은 의학적으로 명확한 견해가 아니라 가설일 뿐이다. 개개인의 정신적, 신체적 특징에 맞추어 생각해야 한다.

정신건강에 주의하라

어쩌면 지금 당신 옆에도 정신적으로 문제가 있는 사람이 있을지도 모른다. OECD가 2011년 9월에 발표한 리포트에 따르면 직장인 5명 중 1명은 우울증 등의 정신질환을 겪고 있는 것으로 나타났다. 여기에는 오랜 불황으로 극심하게 변화한 노동환경이 영향을 미쳤다. 경쟁을 부추기고 결과를 요구하는 성과주의도 한몫했다. 컴퓨터 작업이 만들어낸 소외된 업무환경도 원인 중 하나이다. 정신질환 증상은 기분이 가라앉는 등 정신적인 것부터 두통, 현기증, 구토감, 복통, 보행장애 등 몸에 이상 징후가 나타나는 것까지 다양하다. 옛날에는 정신건강에 문제가 있는 사람이 별로 없었다. 최근에 정신질환을 앓는 사람이 많아진 이유는 상담하러 오는 사람을 전부 환자라고 진단하기 때문이라고 비방하는 사람도 있다. 그러나 문명의 발달로 예전보다 여유가 사라진 것은 사실이다. 휴가지에서도 업무 메일을 확인할 수 있고, 한밤중에도 휴대전화로 보고를 받거나 불려나가는 등 휴식을 방해받기도 한다.

조직 내에서 '사실은 업무 스트레스 때문에 정신과 치료를 받고 있다'고 툭 터놓고 말하기 어렵다. 정신건강에 문제가 있다는 사실이 주위에 알려지면 승진이나 연봉협상에 악영향을 끼칠 수 있기 때문이다. 겉으로 강해 보이는 사람, 매사에 열심히 하는 사람일수록 위험한 상태에 이를 때까지 한마디도 하지 않는 경향이 있다. 가족에게도 걱정을 끼치고 싶지 않아 말하기를 꺼리는 것이다. 하지만 정신적인 스트레스가 심해서 생활에 영향을 끼칠 정도로 문제가 된다면 가족이나 친구에게 말하고 도움을 받는 것이 좋다.

정신건강에 문제 있는 사람이 생기면 회사 경영에도 크게 부담이 된다. 업무 생산성이 떨어지거나 결근이 잦아지고, 심해지면 장기간 병가를 내는 일도 있다. 동료들에게 새로운 일거리가 늘어나거나 우울한 분위기가 조성되는 등 그 사람 주변에 부정적인 영향을 미친다. 정신 건강이 악화하지 않도록 예방하는 편이 본인은 물론 회사에도 크게 이득이다.

정신건강을 우선하는 환경을 만들자

직원을 정신적으로 몰아붙이는 직장환경을 원하는 사람은 적을 것이다. 그러나 비용을 절감하기 위해 인원을 줄고, 인원이 줄면 한 사람이 부담할 일이 많아진다. 뜻을 이루기 위해 일에 몰두하다 보면 자신을 희생하는 일도 있다. 예전에는 어느 정도 무리하는 것이 보통이었다. 다들 그렇게 살았고 당연한 흐름으로 여겼다. 그래도 당시에는 경기가 좋았기 때문에 희생한 만큼 보상을 받을 수 있었다. 하지만 지금은 다르다. 보상을 기대할 수 없을 만큼 경제가 침체되어 있다. 또한 사람들도 정신적으로나 육체적으로 예전보다 허약해져서, 무리하다가 낙오하는 일이 많아졌다.

앞서 말했듯이 중요한 것은 '누구에게 사랑받고 싶은가'이다. 자신이 무엇을 위해 일하고 있는지를 생각해보자. 누구에게나 자기 자신과 가족이 가장 소중하다. 간혹 가족적인 분위기, 가족 같은 관계를 강조하는 회사가 있긴 하지만 회사와 가족은 엄연히 다르다. 정신건강에 문제가 생겨 오랫동안 결근을 한다면 회사는 언제까지고 기다려주지 않는다. 그러나 가족은 다르다. 가족은 서로의 문제를 함께 고민한다. 스트레스나 정신적인 고통을 무조건 참으려 하지 말고, 그 징후가 나타나기 전에 도움을 요청하자.

'어떻게 하면 문제가 생기기 전에 막을 수 있을까'라는 질문에 정답은 없다. 개개인이 정신건강을 우선하도록 의식을 바꾸는 것만이 아니라 회사와 직장 자체의 의식 변혁도 필요하다. 일단 동료끼리 서로 대화와 상담을 자주하며, 개개인의 정신 상태에 관심을 가져야 한다. 개인이 상부에 일정 기간 업무를 줄여달라고 부탁해 감봉조치를 받더라도, 자신의 건강을 우선적으로 챙기는 것도 방법이 될 수 있다. 아직까지 이런 사고방식을 받아들이기가 어려울 수 있다. 언제나 강인하게, 끊임없이 향상을 꾀하는 것이 이상적인 삶이라고 믿는 사람이 많기 때문이다. 그러나 생각해보자. 급여가 많거나 높은 평가를 받는다고 해서 꼭 좋은 것은 아니다. 무조건 일을 많이 한다고 유능한 사람도 아니다. 어디까지 하겠다고 스스로 결정한 일을 지키는 것이 중요하다. 그리고 그 범위는 자신이 처한 상황에 따라 다양한 형태로 변하기 마련이다. 살다 보면 언젠가는 의도적으로 자기 의욕을 참아야 하는 시기가 온다. 특히 아이가 생기거나 가족의 건강에 이상이 생겼을 때는 회사 일에 대한 의욕을 억눌러야 한다. 이런 때 무리하면 정신적으로나 육체적으로 부담이 크기 때문이다. 앞으로는 월급이 줄어들더라도 정신건강을 위해 단시간 근무로 회사 일을 줄이는 사람이 늘어날 것이다.

건강한 정신이
깃들 그릇을 닦아라

누구나 대사증후군의 가능성이 있는 시대

최근 대사증후군이 화제이다. 한국 국민 4명 중 1명이 대사증후군을 앓는다는 통계가 있다. 대사증후군이란 만성적인 대사 장애로 인해 내당능장애(당뇨 이전 단계), 고혈압, 고지혈증, 비만 등 여러 질환이 한꺼번에 나타나는 것을 말한다. 체지방이 많이 쌓이면 혈압이 높아지고 혈관이 늘어나고 약해지므로 건강이 악화되리라는 것은 쉽게 짐작할 수 있다. 그렇지만 의학계에서는 피하지방이나 내장지방이 생활습관병(성인병)과 얼마나 관계가 있는지에 대해 아직 논쟁 중이다.

동양인은 대부분 미국과 유럽의 육식 중심인 식사에 비해 채식을 주로 하는 건강한 식생활을 해왔다. 소화기관 역시 그런 식생활에 맞추어 진화했기 때문에, 최근 육식 식습관이 몸에 맞지 않아 생활습관병의 발병률이 높아졌다고 전문가들은 주장한다. 생활습관병은 다음과 같은 습관에서 비롯한다.

- 운동부족
- 수면부족
- 육식, 기름기 있는 음식을 주로 먹는 식생활
- 잦은 음주

이는 일반적인 회사원에게 자주 나타나는 습관이다. 이런 습관이 오랫동안 이어지다 생활습관병을 일으키는데, 대표적으로 당뇨병이나 동맥경화 등이 있다. 병세가 서서히 진행되고 겉보기는 멀쩡해 보이므로 스스로 깨닫거나 미리 대비하기는 어렵다. 직장인들은 선강진단에서 어떤 수치가 위험 영역에 들었다고 해도 특별히 아픈 곳이 없으면 보통 대책을 세우려고 하지 않는다. 그러다 나이가 들면서 갑자기 뇌경색이나 심근경색으로 나타나게 된다.

생활습관을 선순환하도록 바꾼다

대사증후군의 원인은 외식이나 술자리 등 밤 늦은 시간까지 밖에서 보내면서 생긴 생활습관의 악순환이라고 볼 수 있다. 밤에 외식을 하면 술을 마시거나, 튀김이나 육류 중심의 식사를 하기 쉽다. 자연히 귀가도 늦어지고 잠자리에 드는 것도 한밤중이 되어버린다. 이로 인해 늦게 일어나는 일이 많아져 생활리듬이 깨지고, 운동할 시간도 없어진다. 쉽지는 않겠지만 이 악순환을 거꾸로 회전시켜야 한다.

생활습관을 선순환으로 바꾸기 위해서 가장 먼저 해야 할 일은 일찍 자고 일찍 일어나는 '새 나라의 사회인'이 되는 것이다. 낮 동안 일에 집중하여 일찍 처리하고 집에 일찍 들어간다. 시간이 있으면 잠깐이라도 저녁에 운동하고 잔다. 그리고 다음 날 아침 일찍 일어나 출근해서 일을 시작한다. 출퇴근 시간을 이용해 한 정거장 정도는 걸어 다니면 더 좋다. 이렇게 하면 일도 일찍 끝나고 제 시간에 퇴근할 수 있다. 이 과정을 반복해 생활주기를 바꾸자.

밤에 중요한 사람들과 만나야 하는 약속이 생길 수도 있다. 무슨 일이 있어도 내일까지 끝내야 하는 일도 있다. 팀원들과 함께하는 업무라면 혼자만 일찍 갈 수 없는 상황도 생긴다. 그러나 직원 대부분이 날마다 늦게까지 일해야 한다면, 그 회사는 전체적으로 업무 프로세스를 수정할 필요가 있다는 뜻이다. 익숙한 프로세스를 바꿔서라도 일찍 돌아가는 습관을 들이는 것이 직원들의 건강에도 좋고, 일의 효율도 높일 수 있다.

아침은 하루의 모든 생활을 결정하는 중요한 시간이다. 건강을 생각한다면 일찍 일어나는 것부터 시작하자. 필자도 최소한 주말에는 운동(주말 중 하루는 조깅, 하루는 근육운동)을 하려고 한다. 건물 안에서 이동할 때는 가능한 한 계단을 이용한다. 그래도 체중이 늘어서, 가족들의 제안으로 두 그릇씩 먹던 저녁밥 양도 줄이기로 했다. 이렇게 꾸준히 운동하고 식습관을 조절하여 겨우 체중을 유지하고 있으니 이렇게 하지 않으면 틀림없이 살쪘을 것이다. 대사증후군이 되었을 것이다.

음식이 풍족한 현대를 사는 배부른 사람들에게 대사증후군이냐 아니냐는 종이 한 장 차이일지도 모른다.

대사증후군의 대책은 '첫째가 운동, 둘째는 건강식과 금연 그리고 마지막이 약'이다. 운동과 식사, 그에 따른 생활습관을 개선해야 한다는 것을 잊지 말자. 이 시대의 회사원들은 건강에 깊은 관심을 두고 건강에 대한 지식을 가진 '건강 마니아'가 될 필요가 있나고 생각한다.

"돈은 목표에 도달하기 위한 부스터 중 하나일 뿐"

특허로 억만장자가 된 연구원

서영준 씨(52세)가 특허료로 연간 벌어들이는 돈은 약 5억 원이다. 그러나 그는 대학교에 다닐 때까지만 해도, 연구원이 되고 싶다는 꿈은 가지고 있었지만 돈에 대한 욕심이 있었던 것은 아니었다.

"그냥 평범한 학생이었습니다. 제약회사에 들어가서 신약을 개발하는 일을 하고 싶다는 정도의 목표는 있었죠. 하지만 우리 과 학생들 절반 이상이 그런 생각을 하고 있었으니 특별한 건 아니었습니다. 성적은 좋았지만요"라고 말하며 웃는 서 씨의 모습에서는 자신감이 느껴졌다. 그의 인생을 바꾸어준 것은 우연히 듣게 된 강연에서 들은 한마디 말이었다.

"'연구원이 외제차 몰고 다니면 좋잖아'라고 하더라고요. 신약을 개발하고 싶다는 생각을 하고 있었는데, 거기에 날개를 달아준 한마디였습니다. 대체적으로 연구원 연봉이 3000~4000만 원 정도니 거기서 만족하면 외제차는 힘들어요. 하지만 신약을 개발하면 가능한 이야기였습니다. 신약을 꼭 개발해야겠다는 생각이 들었습니다."

서 씨는 대학원을 졸업하고 일단 제약회사에 취직했지만 다시 국내 대학원 박사과정으로 돌아갔다. 역시 이대로는 대학시절 가졌던 포부를 이루기 힘들겠다는 판단에서였다. 그 후 샌디에이고대에 유학을 갔다가 근교의 바이오 벤처기업에 들어갔다. 이 샌디에이고대 시절에 출원한 특허가 대박이 났다. 특허 귀속으로 소송까지 갔으나 지금은 서 씨의 권리가 인정된다.

현재는 가족 사정으로 고국으로 돌아와 제약회사의 연구소에 근무한다. 자기 연구보다 주로 젊은 연구자들과 상담을 해주는 시간이 업무의 대부분이다. 또한 연구 프로젝트에 고문으로 이름을 내거는 일이 많다. 자신에게 왔던 행운에 보답하기 위해 젊은 연구원을 조금이라도 돕고 싶은 마음에서이다.

"우리나라에서는 솔직히 연구원으로서 신약 개발의 꿈을 이루기는 힘들어요. 같은 길을 걷고자 하는 젊은이들에게 희망을 주고 싶다는 게 지금의 목표입니다. 포기하지 말고 도전한다면 된다는 꿈을 줄 수 있는 롤모델이 되고 싶습니다."

그렇게 말하며 웃는 서 씨의 얼굴에는 대학시절의 자신감이 그대로 묻어났다.

· 정신건강을 건강하게 유지하라

· 정신건강을 위해, 일을 줄이고 급여를
낮추는 선택지도 고려하라

· 대사증후군을 탈출하려면 아침형인간이
되어야 한다

· 건강을 지키는 첫째는 운동, 둘째는
건강식과 철저한 금연, 마지막이 약이다

기본만 알아도
시작이 반이 된다

목적지를 정했다고 무작정 여행을 떠났다가는 고생하기 마련이다. 여행길에 대한 사전 정보를 수집하고 중간에 포기하지 않을 체력을 키워두어야 한다. 인생 여행에서도 마찬가지이다. 몸에 익혀두면 피가 되고 살이 되는 기초적인 능력들에 대해 알아보자.

직업관이 올바르면
흔들리지 않는다

'일'이란 무엇인가

사람은 일을 하면서 성장한다

'사람은 일하면서 성장한다'는 말이 있다. 교세라를 설립한 이나모리 가즈오(稲盛和夫)는 그의 책《왜 일하는가》(서돌, 2010)에서 '매일 열심히 일하는 것은 내면을 단련하고 인격을 수양하는, 놀라운 작용을 한다'는 말을 했다. 일하면서 성장한다는 말과 일맥상통하는 말이다.

유니클로로 유명한 패스트 리테일링의 대표 야나이 다다시(柳井正)도 2010년 6월 5일 〈아사히신문 – be on Saturday〉에서 다음과 같이 말했다.

"무슨 일이든 그 분야에서 밥값을 하려면 아무리 열심히 해도 최소한 10년은 걸린다. 입 벌리고 기다린들 국가나 세상이 나를 위해 무언가 해주지 않는다. 그 분야에 직접 뛰어들어 노력한 사람만이 승리한다."

파나소닉의 창시자 마쓰시타 고노스케는 "먼저 땀을 흘리고, 그 땀 속에서 지혜를 찾아라. 그렇게 할 수 없는 사람은 필요없다"고 했다. 이것저것 따지지 말고 일단 몸을 움직여 일을 시작하고, 거기서 답을 얻으라는 말이다.

책만 읽어서는 일을 배울 수 없다

한국의 실학(實學)은 17세기부터 대두되었다. '학문을 닦고 옛 것을 좋아하며, 실제의 일에서 옳은 것을 구한다'는 뜻인 실사구시(實事求是)를 줄인 말인 실학은 실용적인 것을 추구하는 학문이다. 일본에서는 후쿠자와 유키치(福澤諭吉, 일본의 학자로 1만 엔 지폐의 인물 – 옮긴이)가 과학을 '서양의 실학'이라고 부르면서 실학이라는 말이 부상하기 시작했다. 나중에는 '일상생활에 전반적으로 유용한 내용을 배우는 것'이라는 의미로 넓어졌다.

실학에서는 '책을 읽는 것만으로는 일을 제대로 배울 수 없다'라고 말한다. 이 말은 우리가 일을 어떻게 생각해야 하는지에 대해 시사하는 바가 있다. 자신이 직접 일을 해보고 실패를 겪어봐야 한다.

그리고 그 일로 자신뿐 아니라 주위에도 민폐를 끼쳐봐야 비로소 일한다는 것의 본질을 뼈저리게 느낄 수 있다. 게이오기주쿠대학교의 학장인 고이즈미 신조(小泉信三)는 이런 말을 했다.

"인생 공부를 할 때는 책을 만 권 읽기보다 뛰어난 사람을 한 명이라도 더 만나는 것이 큰 도움이 된다."

책을 읽기만 한다면 배움도 적다. 그것을 삶에 적용해보거나, 실제 일하고 있는 사람과 생생한 대화를 나누는 것이 일을 배울 때 더 유익하다.

일을 내 편으로 만들자

공(公)과 사(私), 두 마리 토끼를 잡아라

앞에서 말했던 책《왜 일하는가》에 이런 내용이 있다.

'서양 사람들은 일이란 책임이 수반된 의무행위이자 빨리 덜어내야 하는 짐으로 여긴다. 그래서인지 서양 사람들은 '일은 최대한 짧은 시간 안에 끝내고 최대한 많은 보수를 받는 게 좋다'는 노동관이 강한 편이다.'

일이나 학문에서 배워야 한다고 말한 실학과는 반대의 직업관이다. 확실히 서구인은 오래 일하기 싫어한다. 미국이나 유럽에서 일하면 아무 데도 얽매이지 않고 자신과 가족의 행복만 생각하는 사회 분위기를 느낄 수 있다. 동양에서는 일이 남으면 야근을 하는 것

이 당연한 일이지만 서양에서 이상한 일이다. 물론 일에 빠져 사는 워커홀릭(Workaholic)도 있지만 그들은 별종 취급을 받는다. 반면에 동양에는 아직도 야근을 하면 일을 열심히 하는 사람이라는 사고방식이 남아 있다. 필자의 저서《먼저 일어서는 기술(お先に失礼する技術)》이 회사원들의 열광적인 지지를 얻으며 큰 반향을 일으킨 일이 있다. 독자들이 특히 공감한 부분은 '일이 끝나도 먼저 퇴근하기 어려운 직장 분위기는 좋지 않다'는 구절이었다. 동양에는 업무가 끝나도 집에 먼저 돌아가면 안 된다는, 눈에 보이지 않는 속박이 있는 것 같다. 일을 가볍게 여기는 것도 좋지 않지만 일에 구속되는 분위기도 좋지 않다.

이전에 잘나가는 유통회사를 다니다가 지금은 우체국에서 일하는 지인이 있다. 그는 집집마다 우편물을 배달하는 집배원이다. 월급은 유통회사 시절과 비교하면 절반에도 못 미치지만, 잔업이 없어 '완진한 주5일제'를 즐기고 있다. 회사에 다닐 때는 잔업은 물론이고, 휴일에도 출근하는 일이 잦았다. 그래서 가족과 느긋한 시간을 보내기는커녕, 자신이 좋아하는 일도 전혀 할 수 없었다. 그런 생활에 회의를 느낀 그는 일을 그만두고 다른 직업을 찾았다. 그리고 대학시절부터 좋아하던 서핑을 즐기기 좋은 바닷가에 집을 샀다. 우체국 업무는 잔업이 없어서, 오전 8시부터 오후 4시 45분까지 근무를 끝내면 남은 시간과 주말을 활용해 서핑용품 가게를 운

영할 수 있었다. 여름이 되면 그의 하루는 이랬다. 아침 일찍 바다에
가서 서핑을 하고 난 다음 샤워를 한 뒤 배달을 하고, 저녁에도 한
번 더 바다에 갔다가 저녁식사를 한다. 그러고 나서 가게로 돌아와
가게 홈페이지를 갱신하거나 제품을 손질했다. 주말에는 해변 청
소반장을 맡거나 가게를 본다고 한다. 워크라이프의 균형이 잘 잡
힌 예라고 하겠다.

요즘 다운시프트(Downshifts)족이 늘어나고 있다. 다운시프트
족이란 회사에만 몰입하는 것이 아니라, 개인의 삶의 여유를 즐기
며 개인생활을 중요시하는 사람들을 일컫는다. 회사 일에만 목을
매는 것이 아니라 사생활을 중시한다는 면에서 워크라이프를 균형
있게 조절하는 것과 비슷한 개념이다. 직장인으로서 업무적인 성
장은 지극히 당연하다. 뿐만 아니라 일을 통한 성장은 가족 및 지역
등 업무 외적인 부분에도 긍정적인 영향을 미친다. 업무가 개인의
모든 것이 될 수는 없다. 워크라이프를 균형 있게 조정하기 위해서
는 공적인 업무와 사적인 일이 양립해야 한다.

직업관에 대한 이상과 현실

이나모리와 야나이가 이상적이라고 말한 '일을 통한 성장'을 주
장한 경영자는 그 밖에도 많다. 워크라이프의 밸런스를 맞추는 것
은 일과 생활을 조화시키자는 높은 차원의 이상이다. 그렇다면 현

실은 어떨까? 일이 자신의 성장을 돕는다고 생각하는 복 받은 사람은 많지 않을 것이다. 다시 말해 자기 일을 성장의 원천으로 생각하는 사람은 적다는 말이다. 일을 통해 성장하고 그것을 사생활에 적용하는 등 일과 생활을 양립하는 것은 말처럼 쉬운 일이 아니며, 고도의 기술이 필요하다.

보잉(Boeing)에서 보잉777의 제조 책임자로 일하는 지인이 있다. 그녀는 현명한 아내이자 자애로운 어머니이며 회사 사람 모두가 좋아하는 성공한 커리어우먼이다. 그녀에게 "가정에서도 자기 일을 해내면서 회사에서도 보통 사람 이상으로 성과를 내기 힘들지 않으세요?"라고 물은 적이 있다. 그녀는 이렇게 대답했다. "당연히 힘들죠. 새벽 5시에 일어나 어제 못 다한 일을 정리하고 나서, 가족의 식사를 준비해요. 그렇게 나가서 밤에 돌아와 가족의 식사를 만들고 다시 일을 시작하죠."

그녀는 강인한 정신과 육체를 지닌 특별한 케이스라고 할 수 있다. 보통 사람이라면 이런 식으로 계속 일을 할 수 없을 것이다. 그러나 적어도 그런 사고방식을 염두에 두는 것이 좋다. 이 책을 손에 든 독자 여러분도 일을 성장의 기회로 여기고, 일과 생활을 양립을 목표로 고도의 업무 능력을 익혀나가길 바란다. 업무를 통해 성장하는 한편 사생활도 누리는 것이다. 물론 처음에는 어렵겠지만 착실히 하다 보면 아주 불가능한 일도 아니다. 직업관의 이상과 현실의 틈을 메우기 위해 이렇게 생각해보자.

- 건강과 가족의 문제로 업무에 제약이 없을 때는 일에 매진해 자신의
  성장을 추구한다
- 제약이 있을 때는, 가족과 건강을 우선하며 업무에 지나치게 몰입하지
  않도록 자제한다
- 제약이 있어 업무에 지나치게 몰입하지 않는 경우라도, 일이 아닌 것
  에서자신의 성장을 추구한다

기나긴 인생 가운데는 이상만 좇을 수 없는 시기도 당연히 있다.
그러나 제약이 있을 때에도 성장하는 길은 있다.

· 사람은 일하면서 성장한다

· 일 외에도 중요한 것이 있다는 사실을 기억하라

· 공적인 일과 사적인 일을 조화시켜라

5장

기본이 튼튼해야
업무 능력이 쌓인다

인사 습관과 약속을 지키는 태도를 기르자

회사원에게 정말 필요한 것은 무엇일까? 빠른 업무 처리 능력? 방대한 지식? 그보다 중요한 것이 있다. 바로 인사를 잘하고 약속을 정확히 지키며, 시간을 소중히 하고 타인과 진심으로 사귀는 자세이다. 이는 사회인이라면 기본적으로 몸에 익혀야 하는 태도이다. 특히 인사는 기초 중의 기초이지만, 의외로 제대로 하는 것이 쉽지 않다. 기본적인 것일수록 소홀해지기 마련이다. 처음부터 몸이 저절로 움직일 때까지 습관을 들이는 것이 좋다.

인사는 모든 일의 첫걸음

모든 업무는 '인사'에서 시작한다. 인사를 제대로 하지 않으면 능력이 아무리 뛰어나도 사회에서 인정받지 못한다. 특히 인사는 사람이 사회생활을 할 때 가장 먼저 하는 일이며 하루의 시작과 끝에 함께하는 동작이다. 직장뿐 아니라 가정에서의 하루도 아침인사에서 시작한다. "안녕히 주무셨어요", "안녕하세요"라고 적극적으로 인사하자. 조금 귀찮더라도 아침에는 만나는 사람마다 인사하는 것이 좋다. 아침인사는 안부를 묻는 것이 목적이다. 상대의 몸 상태는 괜찮은지, 기운이 있는지 혹은 없는지 등 정보를 교환한다. 인사하면서 얼굴을 살피고 곤란한 일이나 피곤한 일은 없는지 상대의 상황을 파악하는 것이다. 이것이 바로 사회생활의 첫걸음이다.

어릴 때는 가정과 학교에서 인사하는 법을 배우고, 성인이 되어 사회생활을 시작할 때는 회사에서 인사의 기본을 배운다. 인사는 가정이나 회사에서 습관을 들이는 것이라 할 수 있다. 처음부터 자연스럽게 인사하지 못해도 괜찮다. 인사가 어색하다면 다음 3단계 인사법을 조금씩 실천해보자.

1단계: 작은 목소리라도 일단 인사한다

2단계: 가능한 한 큰 소리로 인사한다

3단계: 자신이 오면 주위가 밝아질 정도로 인사한다

퇴근할 때도 마찬가지다. 설령 상사나 후배가 아직 일을 하더라도 "먼저 가보겠습니다"라고 큰 소리로 분명하게 인사한 다음

퇴근하자. 먼저 가는 것이 미안하다고 해서 아무 말도 하지 않고 도망치듯이 돌아가서는 안 된다. 앞에서도 말했듯이 내일까지 처리할 일이 있는데도 일찍 퇴근하는 것은 좋지 않다. 주위에 늦게까지 일해야 하는 사람이 있는데 혼자만 먼저 들어가는 것이 눈치 보일 수도 있다. 그렇다고 몰래 빠져나가는 것은 예의에 어긋나는 일이다.

약속을 지키는 태도가 발전 가능성을 알려주는 척도

약속을 지키는 태도를 통해 그 사람이 얼마나 성장할지 그 가능성을 알 수 있다. 약속을 지키지 못하는 것은 일의 우선순위를 정하는 능력과 미래를 예측하는 능력이 없기 때문이다. 다시 말해 매사에 우선순위를 정하고 미래를 예측할 수 있다면 약속을 지킬 수 있다.

약속을 지키면 그만큼 신뢰가 두터워지므로 일도 늘어난다. 약속을 못 지켰다고 해서 그동안 쌓은 신뢰가 순식간에 사라지거나 과거의 성과가 모두 물거품이 되지는 않다. 그러나 약속을 어기는 것은 앞으로 해야 할 일을 해낼 능력이 없다는 반증이다. 다가올 일에 영향을 끼친다는 말이다. 약속을 대하는 태도는 기본적으로 개인의 고유 영역이다. 개인적인 성향에 따라 약속을 어떻게 생각하는지가 달라진다. 그리고 약속을 대하는 태도만으로도 그 사람에게 일을 맡겨도 될지 안 될지 판단할 수 있다.

약속은 시간을 지키는 태도에 좌우된다. 살아가면서 하는 약속 가운데 많은 것은 아마 시간 약속일 것이다. 출근시간이나 미팅 약속처럼 어기면 안 되는 약속은 하루에도 몇 번씩 있다. 그러나 사람이 살면서 모든 약속시간을 지키기는 힘들다. 지각을 해도 괜찮다. 오히려 위험을 무릅쓰고라도 지각을 하지 않으려는 태도가 문제이다. 시간을 맞추려다가 계단에서 굴러 다치거나, 너무 서두른 나머지 중요한 서류를 두고 나가는 것이 주위에 더 큰 피해를 준다. 갑자기 몸 상태가 나빠질 수도 있고, 약속장소에 가다가 예기치 않게 위험에 처한 사람을 만날지도 모른다. 그런 사람을 만난다면 도와주는 것이 인지상정이다. 그런 상황에서 지각을 하는 것은 어쩔 수 없는 일이다.

중요한 것은 '연락'이다. 약속을 지키지 못하는 상황은 얼마든지 일어난다. 그럴 때는 상대에게 가능한 한 일찍 상황을 전해야 한다. 연락을 일찍 해두면 상대의 피해를 최소한으로 줄일 수 있다.

거래처와 미팅 약속시간에 도착할 수 있을지 없을지 애매한 상황이라고 가정하자. 상대에게 '늦을 거 같다'고 연락하면 100% 늦지만, 연락하지 않고 서두르면 시간 내에 도착할 수 있을지도 모른다. 이럴 때는 연락하고 늦는 것이 정답이다. 먼저 몸과 마음을 진정시킬 시간까지 포함해서 어느 정도 늦어질지 상대에게 알려라.

원래 정해져 있던 시간보다 미팅을 늦게 시작했더라도 종료 시간을 무조건 늦출 수는 없다. 정해진 시간 내에 미팅을 끝낼 수 있도록 일정을 재정리하고 상대와 상의하자. 미팅 예정 시간이 줄었으니 전부 원래대로 진행하기는 힘들 것이다. 다하지 못한 부분은 다음번에 하는 등 대안을 세우자.

어쩌다 한 번 지각해도 상대는 '늘 늦는 녀석'이라고 생각한다. 그리고 그런 선입관은 쉽게 바뀌지 않는다. 지각 딱지가 붙으면 부정적인 인상이 오랫동안 지속되기 때문이다. 그러나 사전에 연락을 해두면 그것은 지각이라고 할 수 없다. 상대에게 미리 연락할 상황을 갖추어두자.

올바른 '지각 대처법'은 다음과 같다.

- 가장 좋은 것은 늦지 않게 도착하는 것이다. 언제나 약속 시간

  15분 전에 도착한다
- 늦을 것 같은 상황에서 상대에게 연락을 할 수 있는 수단을 마련한다
- 늦는다는 것을 상대에게 미리 전한다
- 늦을 때의 도착 시각은 여유시간까지 포함해서 전한다

'시간은 금'이라는 것을
잊지 말자

시간에 관한 기본자세를 갖추었느냐 그렇지 못하냐에 따라 시간 활용도는 크게 차이 난다. 하루 24시간은 부장에게도 인턴사원에게도 공평하게 주어진다. 같은 시간을 얼마나 효율적으로 쓰느냐가 업무능력을 판가름한다. 특히 회사 이외의 다양한 분야에서 활약하기 위해서는 일분일초가 소중하다. 시간은 돈을 주고도 살 수 없다는 것을 깨달은 사람들은 '어떻게 하면 시간을 효율적으로 활용할 수 있을까'를 연구했다. 그 연구 결과로 얻어진 시간을 알차게 활용하는 방법과 필자가 '이른 아침 시간'과 '출퇴근시간'을 활용하는 방법을 소개하겠다.

자투리 시간 활용법과 순간 착수법

시간을 잘 활용하는 사람들은 자투리 시간을 반드시 활용한다. 자투리 시간은 예를 들자면 약속한 상대를 기다리는 15분, 전철을 기다리는 10분, 계산대에서 계산을 기다리는 5분 등이다. 이러한 자투리 시간을 활용하려면 다음 조건이 필요하다.

- 순간적으로 사고를 전환할 것
- 자투리 시간에 할 것을 항상 들고 다닐 것

하루에 보통 5번에서 10번 정도는 자투리 시간이 난다. 이 시간만 잘 활용한다면 평소에 부족한 독서시간을 가질 수도 있고, 일도 빨리 진행할 수 있다.

그러나 자투리 시간은 길지 않다. 좋은 아이디어가 종이와 펜을 찾는 동안 사라져버리는 것처럼 자투리 시간은 금방 지나가 버린다. 예상하지 못한 자투리 시간을 유용하게 쓰려면 재빨리 일에 착수해야 한다. 그러려면 언제나 수첩과 펜을 들고 다녀야 한다. 컴퓨터는 항상 대기 상태로 해두고 언제라도 일을 시작할 준비를 해두는 것이 좋다. 수첩이나 펜을 찾는 시간이나 컴퓨터를 켜는 동안에 하려던 일과 반짝이는 아이디어는 물거품처럼 사라지고 만다.

업무 결과물 복수 활용법

한 번 작업한 결과물을 다양한 상황에 활용하면 생산성을 2~3배로 늘릴 수 있다. 한 가지 성과를 동시에 활용하기는 어렵지만 몇 달이나 몇 년이 지나도 쓸 수 있는 것이 많다. 전체를 그대로 활용하지는 못해도 부분적으로는 활용할 수 있는 자료도 있다. 결과물을 재활용하려면 업무의 틀을 똑같이 구성하자. 보고서의 목차를 항상 똑같은 형식으로 구성하거나 파워포인트의 '슬라이드 마스터'를 사용하는 것도 좋은 방법이다. 슬라이드 마스터는 한 장을 수정하면 전체에 적용이 되는 기능으로, 배경이나 바뀐 사항을 한 번에 수정할 수 있어 시간이 절약된다. 또 다른 목적으로 만든 슬라이드를 조합해서 쓰면 더 편하고 다양하게 쓸 수 있다.

아침을 활용하라

회사에서는 성과를 올리거나 인정을 받기보다 상사에게 혼나거나 불합리한 처사를 당할 때가 많다. 그 때문인지 퇴근 후에는 녹초가 되기 일쑤이다. 그러나 아침은 다르다. 누구에게도 방해받지 않고 능력을 온전히 발휘할 수 있는 자신만의 시간이다. 이른 아침은 아무에게도 방해받지 않으며, 두뇌 상태도 가장 뛰어나다. 일하기에도, 공부하기에도 제일 좋은 시간이므로 아침을 어떻게 활용하느냐에 따라 미래가 달라진다고 해도 과언이 아니다.

아침을 활용하려면 일찍 일어나야 하는데, 안타깝게도 일찍 일어나는 방법은 일찍 자는 것 외에 없다. 모범적인 말이지만 필자의 경험상 일찍 잠자리에 누우려면 낮 동안 열심히 일하는 것이 가장 좋은 방법이다. 몸이 피곤하면 자연히 빨리 지치고 피곤해진다. 몸이 피곤하므로 술 마시자는 유혹을 뿌리치고 일찌감치 집에 돌아가서 잠자리에 들게 된다. 그렇게 하면 일찍 일어나 시간을 효율적으로 쓸 수 있다. 아침에는 책을 읽거나 어제 업무 중 잘 안 풀리는 부분을 다시 보는 등 짧게 집중할 수 있는 일을 한다. 필자처럼 조찬모임에 참여해도 좋다.

출퇴근시간을 활용한다

집에서 회사까지 1시간 걸린다면 하루에 2시간을 출퇴근에 쓴다는 말이다. 이는 하루 근무시간의 1/4에 해당한다. 일주일이면 하루 근무시간에 해당하는 출퇴근시간을 더 생산적으로 활용하자. 최근에는 지하철에서 게임하는 사람을 자주 본다. 게임을 하지 말라는 말은 하지 않겠지만 출퇴근시간은 독서를 하거나 외국어를 배우는 데 좋다는 조언을 하고 싶다. 특히 아침 일찍 텅 빈 전철을 타고 출근할 것을 권한다. 만원 전철을 타고 다니는 것과 텅 빈 전철을 타고 다니는 것은 그 시간의 가치가 다르다. 만원 전철에서는 신문조차 읽기 어려워서 기껏해야 음악을 듣는 정도의 일밖에 할 수 없다.

반대로 텅 빈 전철에서는 공부는 물론 일도 할 수 있다. 만원 전철을 타고 출근하면 쉽게 지쳐서 회사에 도착하고 나서도 바로 일을 시작하기 힘들지만 텅 빈 전철을 타면 그럴 일이 없다.

인간관계를 어떻게 만들 것인가

기회는 남이 가져온다

모든 기회는 나 아닌 다른 사람이 들고 온다. 사람과의 인연을 소중히 여기는 태도가 매사가 술술 풀리는 비결이다. 인연은 누구에게나 찾아오지만, 그 기회를 살리는 사람이 있는 반면 살리지 못하는 사람도 있다.

다음은 일본의 에도 시대의 무장 가문 중 하나인 야규(柳生, 에도 시대 초기부터 도쿠가와 가문을 섬긴 무장 가문 – 옮긴이)의 가훈이다.

소재(小才)는 인연이 있으나 이를 깨닫지 못하고, 중재(中才)는 인연이 있으나 이를 살리지 못하고, 대제(大才)는 소매 끝만 스치는 인연도 자기 것으로 만든다.

재능이 없는 자는 모처럼 인연이 찾아와도 그 인연을 깨닫지 못하고, 재능이 미천한 자는 찾아온 인연을 제대로 활용하지 못한다. 진정으로 재능이 있는 자는 옷깃이 스치는 인연마저 놓치지 않는다는 의미다. 우리의 삶은 태어나서 죽기 전까지 만남의 연속이다. 그러나 인연을 살리지 못하는 사람이 대부분이다. 소중한 인연을 만들기 위해 유념해야 할 것들을 알아보자.

mind 1: 일기일회(一期一會)

도쿠마 서점의 사장 도쿠마 야스요시(德間康快)는 명함을 한 번 받으면 몇 번이고 다시 본다고 한다. 받은 날, 일주일 뒤, 한 달 뒤 계속해서 머릿속에 새겨 넣으며 어떻게 하면 그 사람과 깊이 있는 인연을 만들 수 있을지 고민하는 것이다.

내 인생을 바꿔주는 평생의 단 한 번뿐인 인연이라고 생각하면 소중하지 않은 사람이 없다. 그렇게 소중한 사람이라는 마음가짐으로 타인을 대하자. 어떤 사람과의 만남을 그냥 흘려보낼지 인생의 기회로 삼을지는 자신에게 달렸다.

mind 2: 첫인상이 끝인상

처음 만난 자리에서 특별한 인상을 남기지 못하는 사람이 있는가 하면 상쾌한 인상을 남기는 사람도 있다. 후자는 인사하는 모습부터 다르다. 부담스러울 만큼 정중하지도 않고, 미소만으로 자신을 알린다.

반면에 처음 보는데도 수상하게 느껴지는 사람이 있다. 이들은 대부분 만남을 자신의 주머니를 불리려는 불순한 목적으로 접근하는 사람이다. 예컨대 보험을 권유하거나 물건을 팔려고 하는 사람 등이 있다. 물론 같은 직업에 종사하는 사람이라고 해서 무조건 그렇다는 것은 아니다. '어떤 마음으로 타인에게 접근하는가'에서 첫인상은 달라진다. 좋은 첫인상을 남기는 데 중요한 것은 얼굴의 생김이 아니라 얼굴에 드러나는 표정과 상대를 대하는 마음가짐이다.

자신의 첫인상을 관리하자. 만남의 성패는 첫인상으로 판가름난다고 해도 무방하다. 자신이 상대에게 주는 첫인상이 어떠한지 생각해보자.

mind 3: 일대일로 대하라

필자는 전체 메일이나 숨은 참조로 오는 메일을 종종 받는다. '직장을 옮겼습니다'라거나 '책을 냈습니다', '새 사업을 시작했습니다' 등 인사차 보내는 메일이 특히 그렇다. 이런 메일을 받으면 정말 새 직장 일로 내게 무언가 부탁하고 싶은지, 진심으로 책을 사주기 바라는지, 사업을 도와달라는 건지를 의심하지 않을 수 없다. 진심으로 무언가 부탁하고 싶다면 메일도 한 사람, 한 사람에게 써서 보내야 한다. 상대와 자신의 처지를 바꾸어 생각해보자. 만약 자신이 다수 중 한 사람으로서 이런 메일을 받으면 어떤 생각이 들까?

전체 메일은 타인과 인연을 맺는 것이 아니라 인연을 끊게 만든다. 내게만 보내는 메일과 여러 사람에게 함께 보내는 메일에는, 사소해보이지만 커다란 차이가 있다. 상대가 나를 어떻게 생각하고 있는지 느낄 수 있기 때문이다.

인맥 이론을 통해 보는 대인 관계의 본질

지금까지 인맥 형성과 관련해 다양한 연구가 이루어졌다. 그중 몇 가지 중요한 인맥 이론도 생겨났다. 대표적인 인맥 이론을 소개하겠다.

theory 1: 6단계 분리 이론

'6단계 분리 이론(Six degrees of separation)'은 몇 명을 거치면 전 세계 사람들과 인연이 닿는지에 대한 것으로 유명한 인맥 이론 중 하나이다.

1960년대 말, 당시 예일대의 스탠리 밀그램(Stanley Milgram) 교수는 미국 벽촌에 사는 사람이 보스턴에 사는 전혀 모르는 사람에게 편지를 전달하려면 몇 사람을 거쳐야 되는지 알아보는 실험을 했다. 이 실험은 300명에 이르는 사람을 동원해서 이루어졌는데, 그 결과 고르지는 않았지만 평균적으로 6명째에 편지가 수신인에게 도달했다. 겨우 6명만 거치면 전 세계 누구하고든 연결된다는 사실은 인맥 이론과 관련해 인상 깊은 결과이다. 자신이 정말 만나고 싶은 사람, 인연을 맺고 싶은 사람이라면 6명만 거치면 영화배우는 물론 미국 대통령까지 연결될 수 있다는 의미이기 때문이다. 인연은 생각보다 어렵지 않게 연결된다는 사실을 기억하자.

theory 2: 커넥터 이론

세상에는 다른 사람과 비교할 수 없을 정도로 엄청나게 발이 넓은 사람이 있다. 그런 사람은 인간관계에서 핵(Core)이 된다. 인간관계의 구조를 자전거 바퀴에 비유한다면 바퀴살(Spoke)이 아니라 바퀴의 중심부인 허브(Hub)에 있는 사람을 가리킨다. 사회학에서는 이를 가리켜 커넥터(Connector, 연결하는 사람)라고 한다.

핵의 기능이 뛰어난 집단은 성장한다. 허브의 효율이 집단의 전체적인 인간관계 효율까지 결정하기 때문이다. 이 현상은 인맥뿐 아니라 자연계에서 흔히 볼 수 있다. 이는 생물학(먹이연쇄에서 많이 먹히는 종이 생태계에 커다란 영향을 미치는 현상)이나 컴퓨터 과학(접속자가 많은 사이트로 접속이 더 몰리는 현상) 등에서 주목을 받고 있다.

아무것도 없는 데서 사소한 계기가 핵이 되어 소용돌이를 만들어내고, 그 소용돌이가 거대하게 성장하는 현상이 다양한 분야에서 발견된다. 이 현상은 특히 회사 밖에서 모임을 만들 때 도움이 된다.

theory 3: 약한 유대관계 이론

직장을 옮길 때나 중요한 결정을 할 때, 도움이 되는 정보는 별로 친하지 않은 사람이 제공한다는 이론도 있다. 사회학자 마크 그라노베터(Mark Granovetter)는 하버드대 대학원생 시절인 1960년대 말에 실제로 전직한 사람과 이들을 채용한 사람들을 인터뷰했다. 그는 이 실험을 통해, 전직에 유용한 정보는 자주 만나는 사람보다 가끔 만나는 사람을 통해 전해 듣는 일이 많았다는 사실을 알아냈다. 일주일에 한 번씩 만나는 사람보다 일 년에 한두 번 볼까 말까 하는 사람이 준 정보가 압도적으로 도움이 되었다는 것이다. 그라노베터는 이를 '약한 유대관계의 힘(The Strength of Weak Ties)'이라고 불렀다. 전직을 희망하는 회사에 접근할 때 인맥을 이용하지 않은 경우보다 누군가를 통한 쪽이 전직 후에 만족도가 높다는 사실도 밝혀졌다.

사실 늘 만나는 사람 사이에서는 특별한 정보를 화제로 삼지 않는다. 또한 전직 시 타인이 개입되면, 본인과 그 회사가 맞는지 어떤

지 걸러주는 역할을 하기 때문에 자연히 만족도가 높아진다.

이 실험의 결과는 약한 유대관계가 전직에 도움이 된다는 것을 나타내는 한편, 매일 만나는 친밀한 집단에는 외부 정보가 들어오기 어렵다는 사실도 보여준다. 다시 말해 회사 밖에서 활약하는 사람의 정보를 회사 안으로 유입하지 않으면 닫힌 세계에 살게 된다는 것이다. 전직을 고려한다면 연락이 뜸해진 친구를 만나보자.

theory 4: 인용 이론

연구자 세계에서는 자기 논문이 다른 연구자로부터 많이 인용되는 것이 가치 있는 일이라고 생각한다. 최근에는 인용만이 아니라 누가 누구하고 공동으로 연구하는지도 포함해서 종합적으로 분석해, 연구 분야의 중심에 있는 사람을 특별히 지정하는 활동이 유행이다. 이러한 인용이 나타내는 가치에 착안한 것이 구글(Google)이다. 구글은 검색 결과를 나타낼 때, 링크를 활용한다. 여러 곳에서 많이 링크된 홈페이지를 가치가 높다고 판단해 검색 결과의 순위를 정한다.

이와 관련된 연구로는 수학자 폴 에어디시(Paul Erdos)와 다른 수학자와의 관계를 지표로 하는 '에어디시 수'가 유명하다.

에어디시는 여행을 좋아해서 전 세계를 돌아다니며 수학자들의 집에 머물렀다. 그와 직접 책을 같이 쓰거나 공동연구 논문을 쓴 연구자는 '에어디시 수 1'이라고 한다. 에어디시 수가 1인 연구자와 공저한 책이나 공동연구 논문이 있는 연구자는 '에어디시 수 2'가 된다. 이런 식으로 에어디시와 얼마나 가까우냐를 나타내는 것이 에어디시 수인데, 지금도 갱신되고 있다.

미국에는 배우 케빈 베이컨(Kevin Bacon)과 작품을 함께 한 경험을 수치화한 케빈 베이컨 수, 일본에는 배우 비토 다케시(ビートだけし)와 작품을 함께 한 경험을 수치화한 비토 다케시 수도 산출되고 있다. 요즘으로 말하자면 내 트위터를 구독하는 팔로워가 몇 명이냐는 것과 비슷하다. 그 숫자가 많을수록 사회에 미치는 영향이 크다고 볼 수 있다.

세계 최고의 기술학교를 운영하다

회사 안과 밖에서 인재를 키우는 열정

윤준영 씨(46세)는 오늘 아이가 다니는 중학교에서 한 달에 한 번 열리는 야간 특별수업의 강사로 초빙되었다. 야간 특별수업이라고 하면 학교에 학원 강사 등을 초빙해, 수업을 듣는 야간 강습을 떠올리기 쉽지만 한언중학교의 야간 특별수업은 조금 다르다. 학생들이 관심을 가지는 직업이나 특이한 직업을 가진 사회인을 초빙하여 학생들과 대화의 장을 마련하는 것이다. 윤 씨는 회사원이면서 주말에는 학원을 운영하기 때문에 초대되었다. 그가 운영하는 학원은 '세계 어디에 가도 뒤지지 않을 IT인재를 키우는 학원'이다.

"일을 처음 배울 때도 힘들었지만, 위로 올라가면서 전문적인 것을 다루게 되면서 그만큼 더 힘들어지더군요. 전문적인 멘토가 없다고 할까요. 이대로는 우리나라가 뒤쳐질지도 모르겠다는 생각이 들었습니다."

'윤IT학원'의 토요일은 아침부터 학습 프로그램이 꽉 들어찼다. 기초적인 내용은 가르치지 않고 최첨단 기술 분야만 다룬다. 전문적인 능력을 올리고자 하는 회사원들뿐만 아니라, 대학생들도 많다. 윤 씨는 회사 밖에서만 학교를 운영하는 것이 아니다. 회사 안에서도 젊은 직원을 대상으로 스터디모임을 꾸렸다.

"회사 안팎에서 젊은 사람들과 공부하는 것이 저 자신에게도 기운을 북돋아줍니다. 늘 새로운 것을 얻는 느낌이죠."

2시간이 훌쩍 넘는 시간 동안 강의를 하고도, 학생들의 질문을 받는 그의 모습에서 지친 기색은 찾아볼 수 없었다.

· 모든 것은 인사에서 시작된다

· 약속도 '깨는 방법'이 있다

· 자투리 시간을 낭비하지 않는다

· 이른 아침 시간과 출퇴근시간을 활용한다

· 작은 인연도 놓치지 않는다

성공한 인생을 위한
기본 무기를 얻어라

논리력을 잡아라

논리는 상대와 서로 이해할 수 있는 장치

나라 간의 협업과 분업이 활성화된 오늘날에는 논리력이 더욱 중요하다. 국제사회에서는 나라마다 문화가 달라서 하나하나 논리적으로 합의를 쌓아가지 않으면 서로 이해할 수 없기 때문이다.

논리는 궁극적으로 상대와 서로 알아가는 방법론이다. 사람들은 개인의 생각 방법과 논리를 공유함으로써 상대를 이해하게 된다. 세상에서 일어나는 여러 가지 일들은 대개 복잡하다. 따라서 보는 사람의 입장이나 가치관에 따라 같은 사건도 다르게 보일 수 있다. 다른 곳을 바라보면서 같은 이야기를 할 수 없듯이, 나와 상대의 시각을 맞춰야 서로 이해할 수 있다. 그 시각을 만드는 것이 논리이다. 즉, 논리란 두 사람이 이야기하는 과정에서 일어나는 복잡한 것들을 간결하게 정리하는 방법이라고 할 수 있다. 상대와 소통할 때 문장을 어떤 순서로 언어를 구사하여 문장을 완성할 것인지, 어떤 식으로 보고서를 정리할지 등 논리의 시점과 활용법을 알아보자.

논리의 2가지 시점

논리에는 2가지 시점이 존재한다. 이는 복잡한 현상을 어떤 관점으로 정리하는 것이다.

첫 번째 논리 시점은 순차적으로 논리를 배열하는 것으로 다음과 같은 것들이 있다.

- 시계열 시점
- 목적과 수단 시점
- 영향과 원인 시점

'시계열 시점'이란 어떤 일을 일어난, 혹은 일어날 순서대로 나열하는 것이다. 누구나 쉽게 알 수 있는 논리 시점이다.

목적을 실현하려면 수단을 마련해야 한다. 목적을 실현하기 위한 수단 그리고 그 수단을 실현하기 위한 수단을 순서대로 나열하는 것이 '목적과 수단 시점'이다. 목적을 이루지 못한다면 제 역할을 하지 못한 수단이 원인이라는 것이 이 시점의 주장이다.

'영향과 원인 시점'은 어떤 원인 때문에 본래의 목적을 달성하지 못하는 결과로써 현실에 '영향'을 미친다는 견해이다. 영향에서 원인을 파악하는 과정도 순서대로 나열한다.

목적과 수단 시점에서 목적 달성 실패가 원인이 되어 다시 다른 영향이 나타나기도 한다. 따라서 영향과 원인 시점과는 동전의 앞뒷면 같은 관계라고 할 수 있다. 또한 목적에서 수단, 원인에서 영향이 나타나는 과정은 시간 순서대로 흐른다. 즉, 3가지 시점은 논리의 전후관계를 나타낸다는 점에서 같다고 할 수 있다.

두 번째 논리의 시점으로 다음 3가지가 있다.

- 연역 시점
- 귀납 시점
- 추상과 구체 시점

연역과 귀납은 아주 오래전부터 내려온 논리 시점이다. 법칙에서 구체적인 사실을 예측하는 것이 '연역 시점'으로 대표적인 것으로 삼단논법이 있다. 반대로 관찰을 통해 알아낸 구체적인 사실에서 법칙을 끌어내는 것이 '귀납 시점'이다.

'추상과 구체 시점'이란 똑같은 일을 추상적으로도 구체적으로도 설명할 수 있는 점을 이용해 정리하는 시점이다. 연역 시점, 귀납 시점, 추상과 구체 시점 이 3가지도 비슷한 논리 시점으로 수직적으로 논리를 전개해서 넓혀가는 이미지를 가진다.

논리의 2가지 시점을 합치면 입체적으로 현상을 정리하는 틀이 된다. 이 틀의 논리적 사고를 '피라미드 원칙(Pyramid Principle)'이라고 부른다. 저명한 컨설팅 양식 연구자가 고객에게 설명하기 적절한 방법론을 정리했는데, 그 이름이 유명해진 것이다. 피라미드 원칙으로 논리를 정리할 때는 하나의 주제에 대한 하위 질문을 정하여 그 질문에 대답을 하며 내려가거나, 뒤섞여 있는 사실 사이의 관계를 파악하여 그룹으로 묶는 방법을 사용한다. 단, 상위 그룹은 하위 메시지를 요약해야 하며 같은 그룹 내의 메시지는 논리적으로 설명되어야 한다.

이런 논리 이론 중에는 MECE(Mutually Exclusive Collectively Exhaustive, 상호배제와 전체포괄)라는 논리 기술이 유명하다. MECE는 정리하고자 하는 어떤 정보를 하나의 집합으로 생각하고 그 집합 내의 정보를 누락이나 중복이 없도록 하위 집합으로 나누는 것을 말한다. 예를 들어, 어떤 아파트의 문제점을 층별로 나누어 살펴보는 것이다. 하나의 층이 1층이자 2층으로 분류될 수 없으므로 상호배제와 전체포괄이 이루어진다.

'마인드맵 프로그램'을 활용한다

생각을 정리하여 논리력을 키우는 방법으로 마인드맵(Mind Map)이라는 기법이 있다. 마인드맵이란 '생각의 지도'라는 뜻으로 자신의 생각을 이미지화하여 표현하는 방법을 말한다. 마인드맵은 세계적으로 크게 유행하여, 최근에는 무료 소프트웨어도 개발되었다. 이런 마인드맵 프로그램은 유기적으로 연결되는 생각들을 논리적으로 정리할 수 있게 도와준다.

그러나 논리력을 키우려면 직접 문장을 써보고 첨삭하는 등의 훈련이 필요하므로, 프로그램만 이용한다면 논리적인 사고를 키우지 못한다는 사실을 주의해야 한다. 프로그램에서는 키워드만 표기하기 때문에, 그 안에 있는 논리를 보지 못할 수 있다. 논리력 향상 훈련을 하지 않은 사람이 사용하면 겉모습에 속아 정리되지 않은 것을 정리되었다고 착각하는 일도 있으므로 주의해야 한다.

논리보다 중요한 것

생각을 정리하거나 전달할 때는 사실에 기초해야 한다. 논리를 생각하기 전에 그 내용이 사실인지 아닌지 조사하는 습관을 들이자. 사실에 근거하지 않은 논리는 아무런 의미도 없다.

근대 사상의 아버지 데카르트(Descartes)는 사고방식의 방법론을 정리한 《방법서설》이라는 책에서, 사물을 생각할 때는 다음 4가지가 중요하다고 말했다.

- 자신이 확실하게 진실이라고 인정하는 것이 아니면 어떤 사실도 진실
  이라고 받아들이지 말 것
- 검토하고자 하는 어려운 문제를 제대로 이해하기 위해 여러 개의 작
  은 개념으로 세분화할 것
- 가장 단순한 데서 출발해 점점 복잡한 쪽으로 생각을 전개하고, 제각
  각 흩어진 것에도 순서를 부여할 것
- 빠짐없이 완전하게 열거되었는지 전반적으로 광범위하게 검토할 것

즉, 어떤 말이나 현상이 사실인지 항상 의심하고 생각을 신중히 전개해야 한다는 뜻이다. 우리 주변에는 사실처럼 보이더라도 그렇지 않은 경우가 많다. 어떤 일이든 그것이 진실인지 아닌지 의심해보는 습관을 가지는 것이 좋다. 우리는 타인에게서 들은 말이나 신문이나 TV 등 매스미디어에서 흘러나온 정보가 전부 진실이라고 믿는 경향이 있다. 하지만 그런 소스도 의심해봐야 한다. 대화에는 늘 과장과 오해가 끼어들 소지가 있다. 남에게 들었다고 해서 꼭 진실이라고는 할 수 없다. 제약이 있는 상태에서 기록되므로 신문이나 잡지의 기사도 사실이 아닐 수 있다. 자신이 잘못 듣거나 잘못 읽는 경우도 생각해봐야 한다. 여러 상황을 거쳐 전달된 정보

는 참인지 거짓인지를 판단하기 어렵다. 개인이 전달하는 정보에는 개인의 생각이 들어갈 여지가 있기 때문이다. 확실한 진실을 얻으려면 다음 사항에 주의한다.

- 되도록 근원적인 정보와 자료를 직접 얻는다 (현지, 현물을 찾는다)
- 다양한 정보원을 둔다 (다른 방법으로 확인한다)
- 시간을 두고 여러 번 다시 생각한다 (자신의 고정관념을 냉정하게 바라볼 수 있다)

이러한 노력을 소홀히 하면 논리는 참이 아니라 거짓이 된다.

또한 사실을 표현하는 방법도 알아두는 것이 좋다. 나중에 확인했을 때, 거짓 없이 진실만을 확인하기 위해서는 구체적으로 5W1H를 명시해두는 것이 가장 좋은 방법이다. 업무에서 활용할 때는 5W1H에 비용(How much)을 더한 5W2H를 쓰면 좋다. 누가(Who), 언제(When), 어디서(Where), 무엇을(What), 누구와(Who), 어떻게(How), 얼마로(How much)의 5W2H로 사실을 파악해 보고 모순이나 빠진 곳은 없는지 항상 확인하자.

톡 튀는 발상은
어디서 나오는가

참신한 발상(發想)은 신의 선물이 아니다

태어나면서부터 남들과 다른 발상 능력을 타고나는 사람은 없다. 발상력은 남몰래 착실하게 훈련과 실천을 반복해서 얻어지는 결과물이다. 사고의 폭을 넓히는 발상법에 대해 알아보자.

먼저 발상이라고 해서 무조건 생각을 뱉어내기만 하는 것이 아니라는 점을 기억해야 한다. 발상에는 발산하는 상황과 수렴하는 상황이 있다. 발산할 때는 자유롭게 상대의 의견을 긍정적으로 받아들여 차츰 사고를 확대한다. 그러나 발산만 해서는 발상이 마무리되지 않으므로 수렴이 필요하다. 수렴을 할 때는 사고가 발산되지 않도록 주의해서 진행한다. 발산과 수렴이 뒤죽박죽 섞이면 발상의 효과는 반감된다.

브레인 스토밍(Brainstorming) 발상법

기본적인 발상법으로 브레인스토밍이 있다. 단어 뜻 그대로 뇌에 폭풍을 일으키는 방법이다. 여러 사람이 자유롭게 제시하는 다양한 발상이 서로 촉매제가 되어 새로운 발상이 나타나는 등 생각을 확대하는 방법이다.

발상을 확대하려면 자유로운 분위기가 중요한 것은 물론이고, 그다음 과정인 수렴을 정확하게 하려면 다음과 같이 역할을 나누는 것이 좋다.

- 사회자: 전체의 방향성을 지켜보고 일관되게 조정한다

- 타임 키퍼: 발상하는 데 걸리는 시간을 잰다

- 회의 진행 서기: 모두가 볼 수 있게 칠판에 진행 상황을 적어 겹치는 것이 없는지 확인한다

- 회의록 서기: 발상의 전 과정을 본다

브레인스토밍에 숙달된 사람들을 직접 아이디어를 내면서 위의 4가지 역할까지 함께 수행할 수 있다. 그러나 익숙해지기 전까지는 위의 역할을 맡는 사람과 아이디어를 내는 사람을 나누어서 진행하는 편이 효과적이다.

브레인스토밍이라고 해서 아이디어를 내는 데만 정신이 팔리면,

기본적인 사항을 놓치기 쉽다. 무조건 많은 아이디어를 내는 것이 좋지만은 않다. 브레인스토밍의 목적을 질보다 양을 추구하는 것이라고 하는데 이는 정해진 시간 안에 질보다 양을 추구한다는 뜻이다. 긴 시간 동안 무한정 아이디어를 낸다면 수렴은 불가능하다. 또, 일부 참가자만 의견을 낼 뿐이라면 굳이 여러 사람이 브레인스토밍을 하지 않아도 된다. 브레인스토밍을 할 때는 다음과 같은 사항에 주의하자.

- 참가자끼리 서로 얼굴이 잘 보이도록 둥글게 앉는다
- 한 사람이 너무 길게 말하지 않는다
- 아이디어를 내지 않은 사람에게도 의견을 묻는다

생각의 틀을 제시하는 강제 발상법

비즈니스 세계에는 다양한 기법이 존재한다. SWOT분석, 3C, 4P, 핵심역량 기술(Core Confidence), 균형성과 기록표(BSC, Balanced Score Card) 등이 그것이다. 이런 기법을 가리켜 '강제 발상법'이라고 한다.

강제 발상법이란 어떠한 틀을 제시해서 채워지지 않은 부분을 의식을 집중해 발상력을 높이는 방법이다. 이러한 기법을 개별적으로 하나하나 공부하기보다는, 전부 통틀어 발상력을 끌어내는 강제 발상법으로 이해하면 좋다. 각각의 기법은 발상을 도와주는 방법론의 사례로 생각하고 필요에 따라 그 틀을 바꾸는 것이다. 세계적인 무대에서 사람들과 토의할 때 많은 기법을 안다고 해서 상대가 대단하다고 평가하지는 않는다. 그것을 활용해 어떤 발상을 해낼 수 있느냐로 사람의 진가를 판단한다.

직감으로 생각하는 조합법

아이디어를 떠올린답시고 생각하는 데 긴 시간을 들이지 않도록 한다. 오랫동안 생각한다고 해서 눈이 휘둥그레질 만큼 참신한 생각이 떠오르는 것은 아니다. 오히려 지극히 평범하고 상식적인 생각밖에 떠오르지 않는다. 반면에 조합을 통해 순간적으로 머릿속에 번쩍 떠오르는 것은 고정관념에 사로잡히지 않은 새로운 발상이다.

손정의는 캘리포니아대 버클리 캠퍼스에 유학하던 시절 '음성 번역기'를 발명해서 샤프에 1억 엔에 팔았다. 당시 그는 다양한 아이디어나 전자 기기 이름 등을 카드에 썼다. 이것으로 무언가 만들 수 없을까 고민하면서 카드 세 장을 무작위로 뽑아 그것을 합쳐 새로운 물건을 발명한 것이다. 이런 방법으로 하나를 발명하는 데는 5분도 채 생각하지 않았다고 한다. 그는 아이디어가 떠오르면 제품의 규격을 순서도로 그리고, 실용화할 수 있도록 공학부 교수님이나 친구에게 설계도를 의뢰했다. 그중에서 실제로 팔려나간 제품이 음성 번역기였다.

손정의가 사용한 발상법이 카드에 적은 내용을 조합해 새로운 것을 떠올리는 '조합법'이다. 훈련을 거듭하면 카드가 없어도 다양한 것을 결합해 새로운 발상을 고안하는 능력을 키울 수 있다.

카드로 새로운 것을 만드는 KJ법

'KJ법'은 교토대 교수 가와키타 지로(川喜田二郎)가 고안한 독특한 발상법이다. KJ법은 아이디어를 카드에 써서 낸 다음 관계성에 따라 분류해 새로운 아이디어를 만들어내는 방법으로 조합법과 비슷하다. 다만 단순한 분류법이라고 오해해 다음과 같은 실수를 저지르지 않도록 주의한다.

- 카드는 많이 써낼수록 좋다
- 카드에는 아무 내용이나 써도 된다
- 카드는 비슷한 내용을 모은다

직접 해보면 더 잘 알겠지만 카드를 많이 쓰면 정리할 때 힘들다. 40~50장 정도의 카드로 발상을 전개해도 4~5시간은 족히 걸린다. 따라서 카드에는 사실이 아닌 내용, 존재하지 않는 것, 의미를 알 수 없는 것은 쓰지 않도록 주의한다. 주어와 서술어를 정확하게 갖춘 문장을 완성하여 말하고 싶은 내용을 명확하게 쓰자. 단어만 가지고는 좋은지 나쁜지 판단할 수 없으므로 발상으로서 가치를 지니는 최소 단위인 문장으로 써내야 한다.

카드의 비슷한 내용을 모으다 보면, 다른 사람이 완전히 똑같은 내용을 써내는 경우가 있다. 이럴 때는 한 장으로 생각한다. 이 작업에서 주의해야 할 점은 단순히 분류 작업이 되지 않도록 해야 한다는 것이다. 사람은 어지러운 것을 보면 정리하고 싶어하는 경향이 있다. 그러나 참신한 발상은 전혀 생각지 못한 엉뚱한 조합에서 얻어진다. 정리는 발상이 아니라는 점을 명심하자.

손정의가 사용한 조합법처럼 번뜩 떠오른 생각, 순간적으로 머리에 떠오른 무언가가 바로 발상이다. 발상력을 키우려면 다양한 방법을 통해 훈련을 계속한다. 카드에 자기 생각을 문장으로 쓰고, 그것을 이리저리 순서를 바꾸어가며 나열해 새로운 발상을 일으켜보자.

발표를 통해 생각을 표현하라

아무리 대단한 아이디어를 생각해내도 이를 전달하지 못한다면 생각하지 않은 것과 마찬가지이다. 아이디어를 실현하려면 많은 사람의 도움을 받아야 한다. 이루고 싶은 일이 크면 클수록 더 많은 사람의 협력이 필요한 법이다. 여러 사람에게 도움을 얻는 발판을 마련하는 것이 발표, 즉 프레젠테이션이다.

하지만 대다수의 사람들은 발표를 어려워한다. 어려서부터 주입식 교육 환경에서 자라서 자신의 의견을 내세우기보다 다른 사람의 의견을 수용하는 것이 더 익숙하기 때문이다. 이러한 환경에서 자랐기 때문에 학창시절이나 사회생활을 할 때 다른 사람들 앞에서 발표할 기회도 거의 없을 뿐더러 경험도 적다. 때문에 많은 사람들이 막연히 발표는 어려운 것이라고 생각한다. 하지만 발표도 연습하다 보면 늘기 마련이다. 발표력을 키우는 법을 알아보자.

동영상으로 찍어서 훈련한다

발표력을 키우는 가장 좋은 방법은 비디오 카메라나 디지털 카메라로 동영상을 찍어보는 것이다. 자기 자신을 객관적으로 바라보면 단점을 받아들이기 쉽다. 본인이 충격을 받고 이러면 안 되겠다고 자각하지 않으면 연습은커녕 고치려는 생각도 하지 않게 마련이다. 동영상 촬영은 그런 문제를 해결해주는 특효약이다. 한 번만 해보면 자신이 얼마나 엉망으로 말하는지 뼈저리게 알 수 있다. 필자가 부하 직원에게 시켜본 경험으로는, 처음에는 모니터만 뚫어져라 쳐다보더니 두세 번 연습하고 나자 당당히 청중을 바라보며 말하게 되었다. 지금은 휴대전화로도 쉽게 동영상을 찍을 수 있으니 한번 해보기 바란다. 직접 발표할 기회가 있다면 발표하기 전부터 회의실에 자리 잡고 촬영해보자. 그 동영상을 바탕으로 잘못된 점을 고쳐가며 더욱 열심히 연습한다면, 자신의 발표에 자신감을 가지게 될 것이다.

감정이입을 한다

관객 앞에서 연기를 펼치는 연극처럼 발표도 일종의 연기라고 볼 수 있다. 발표할 때 연기를 하라는 것은 자신을 버리고 내용을 거짓

말로 전달하라는 뜻이 아니다. 사람들은 발표에 익숙하지 않아서, 발표가 뻣뻣하고 건조해진다. 그러나 발표할 때는 자신의 감정을 풍부하게 연기하여 진심을 전달하는 것이 중요하다. 일반인은 사람들 앞에서 말하는 데 익숙하지 않아서 배우처럼 연기하기가 쑥스러울 수밖에 없다.

진심이 전달되지 않는 발표로는 청중의 마음을 사로잡을 수는 없다. 아무리 내용을 충실히 준비해도 발표에서 열의가 느껴지지 않는다면 상대를 설득할 수 없는 법이다. 상대를 설득하지도 못할 발표를 애써 할 필요가 어디 있을까? 발표는 늘 실전처럼 연습해야 한다.

좋은 발표는 좋은 연기만큼이나 감동적이다. 2005년 6월 12일 스티브 잡스가 스탠퍼드대에서 했던 발표가 그 좋은 예이다. 흥분되거나 격렬하지 않은 발표였으나 마음에 와 닿았다. 유튜브(Youtube) 등 동영상 사이트에서 쉽게 볼 수 있으니 참고삼아 보는 것도 좋은 연습이 될 것이다.

체크리스트로 훈련한다

동영상을 찍는 것과 더불어 체크리스트를 함께 활용하면 그 효과를 더 늘릴 수 있다. 발표를 할 때마다 체크리스트로 자신의 태도나 발표 과정을 평가해보자. 매 발표를 같은 항목으로 평가하면 시간이 지날수록 틀림없이 실력이 향상될 것이다. 평가 항목을 완수하는 것이 습관이 되기 때문이다. 체크리스트의 예는 다음을 참고하기 바란다.

1. 청중 분석

듣는 이의 관심을 파악하고, 그에 맞는 내용을 준비했는가?

2. 메시지 명확화

전하고 싶은 내용을 명확하게 표현했는가?

3. 이목 끌기

듣는 이의 흥미를 끌 방안을 생각했는가?

4. 글씨 크기

글씨의 크기는 맨 뒷줄에서도 보였는가?

5. 양식 통일

전체적으로 통일성을 갖춘 양식 (글씨체, 배경 등)을 선택했는가?

6. 메시지의 이미지화

중요한 메시지를 그림이나 그래프, 표 등을 이용해 효과적으로 표현했는가?

7. 자세

바른 자세를 유지하며, 불필요한 움직임 없이 서 있었는가?

8. 목소리

목소리는 뒤에서도 잘 들릴 만큼 적당했는가?

9. 아이 콘택트

청중 한 사람, 한 사람과 눈을 제대로 마주쳤는가?

10. 제스처

제스처를 효과적으로 사용했는가?

계획력을 키우자

무슨 일이든 계획을 세우지 않는다면 실천도 할 수 없다. 아무 계획도 없이 "할 수 있습니다!"라고 큰소리만 치는 사람은 약속을 어길 가능성이 크다. 앞에서 중요한 기본 사항이라고 말했던 '약속'을 지키지 못하게 되는 것이다.

여기서 말하는 계획력이란 1장에서 말한 뜻을 이루기 위해 세우는 인생 계획이나 포트폴리오와 다른 개념으로, 여러 사람이 힘을 모아 업무를 처리할 때 세우는 프로젝트를 계획하는 경우에 필요하다. 사회에서는 혼자 일을 처리하고 움직이기보다 다른 사람들과 힘을 합쳐야 할 때가 많으므로, 함께 업무의 목표를 달성하기 위해 어떻게 할 것인지를 의논할 때 유용하다. 팀원들이 모여 프로젝트를 진행할 때는 언제 무엇을 시작할지 어떻게 해야 할지를 함께 정해서 그대로 움직이지 않으면 배가 산으로 갈 수도 있다.

계획의 힘을 잘 활용한 가장 유명한 사례는 케네디 대통령의 아폴로 계획이다. '1960년대 안에 인류를 달에 보낸다'라는 목표를 실현하기 위해 방대한 인원과 수많은 조사, 설계, 제조, 훈련 등을 철저하게 준비하고 계획을 실현한 사례이다.

논리로 계획을 세우는 법

많은 사람의 생각을 합한다는 점에서 생각하면 계획은 앞에서 설명한 논리와 일맥상통하는 부분이 있다. 계획을 논리에서 살펴본 인식법, 5W2H로 생각해보면 더욱 쉽게 계획을 세울 수 있을 것이다. 예로 든 5W2H 기재 사례(125쪽)를 보면 이해가 더 쉬울 것이다. 5W2H는 보통 '무엇을'을 맨 처음에 쓴다. 먼저 해야 할 일인 '무엇을(What)'을 열거하고, '누가(Who)' 부분부터 정해가는 것이다. 우선 달성하고 싶은 목표를 5W2H로 정한다. 그리고 그것을 실현하려면 어떡해야 좋을지 시간 축에 따라 피라미드 원칙으로 빠짐없이 겹치지 않게 정리하면 계획을 완성할 수 있다.

개개인이 해야 할 일도 5W2H로 정리할 수 있다. 한 줄 한 줄의 5W2H가 연결되어 거대한 프로젝트를 추진하는 계획이 된다. 5W2H는 업무를 진행할 때 확인해야 할 항목뿐 아니라 목표도 된다. 5W2H 중 '얼마로(How much)'와 '언제까지(When)'가 계획에서 중요한 위치를 차지하는 일이 많기 때문이다. 계획을 세울 때, 비용을 얼마로 해야 하는지나 언제까지 끝내야 하는지는 변경하기 어려울 때가 많다. 그런 의미에서 보면 논리를 시계열로 표현하는 것이 계획이라고도 할 수 있다.

옆 표의 오른쪽에 날짜가 가로로 표시된 달력을 합쳐 '언제까지' 의 지점까지 화살표를 그으면 갠트 차트(Gantt Chart, 계획 통제 도표의 하나. 시간적인 간격을 가진 그래프 위에 굵은 직선으로 계획을 표시하고, 실적을 그때그때 기입할 수 있음)라 불리는 공정표가 만들어진다. 갠트 차트는 미국의 헨리 갠트(Henry Gantt)가 발명한 계획을 표기하는 방법으로 비즈니스 세계에서 널리 쓰인다. 공정표를 작성할 때는 용지를 가로로 길게 해서 쓴다.

킹슬리 워드(Kingsley Ward)는 그의 저서 《인생의 고비마다 CEO 아버지가 답하다》(위즈덤하우스, 2011)에서 이렇게 말했다. '실패에는 여러 가지 길이 있지만 성공에는 하나의 길밖에 없다.'

성공을 위해서는 복잡하고 방대한 작업을 모두 완벽하게 해내야 한다. 그 작업의 목록이자 순서도가 바로 계획이다.

A 프로젝트 계획표

NO	항목 1	항목 2	항목 3	항목 4
무엇을	조사	분석	회의	문서화
누가	나	이 대리	이 대리	나
누구와	이 대리	김동기	김동기	김동기
언제(까지)	5월	6월	7월	8월
어떻게	설문조사와 문헌조사	SWOT표 분석	임원 프레젠테이션	결제서류 작성
얼마로	100만 원	5만 원	5만 원	5만 원
어디서	서울	서울	서울	서울

낮에는 직장인 밤에는 카페 주인

"많은 사람들이 모여, 즐거운 시간을 가졌으면 좋겠어요"

올해로 37세가 되는 노준숙 씨. 그녀는 작년 초에 꿈에 그리던 카페 주인이 되었다. 콘셉트는 다양한 사람들의 모임을 위한 카페. 그래서 지하철역과 연결된 빌딩에 가게를 마련했다. 인터뷰도 그녀의 카페에서 진행되었다.

"무작정 카페를 하고 싶었던 게 아니에요. 직업상 밖에서 다양한 사람을 만났는데, 의외로 카페를 찾아서 들어가는 것도 쉽지가 않더라고요. 업무 때문에 만날 때는 특히 조용한 분위기도 중요하잖아요. 그래서 이런 콘셉트의 카페를 차려야겠다고 정했죠. 바쁜 사람들이 만나기에는 역에서 가까워야 더 좋을 거라고 생각했습니다."

몇 년이 걸렸지만 카페를 오가는 시간을 절약하기 위해 역에서 바로 이어지는 건물을 찾았다. 도시에서 역내 빌딩의 매물을 찾기가 그렇게 힘들거라곤 상상도 못 했다고.

카페 이용시간은 30분 단위로 최장 2시간까지 쓸 수 있다. 차단 커튼을 활용해 독립된 공간으로 활용할 수 있는 세미나룸도 만들었다. 세미나룸은 4명에서 20명까지 이용할 수 있으며, 추가 요금을 따로 받는다.

그녀는 회사에서도 능력 있는 커리어우먼으로 인정받고 있다. 부하 직원들을 스무 명 가까이 통솔한다. 회사 일로 바쁘기 때문에, 전반적인 가게 운영은 점장에게 맡기고 퇴근 후 가게 상황을 확인하고 정리를 돕기 위해 잠깐 들른다.

"매일 있을 수 있는 게 아니니까, 세부적인 부분은 더 잘 아는 분께 맡기는 거죠. 저는 장소를 제공할 뿐이라고 생각합니다. 그저 이곳에 모인 사람들에게 다양한 기회가 생기기를 바라는 마음에서요."

주인을 닮은 가게라고 해야 할까? 그녀의 마음이 카페 구석구석에 섬세하게 드러났다. 카페 내부는 금연이라서 다른 휴식 공간처럼 담배냄새가 나지 않았고, 음악 소리도 굉장히 작았다. 인터뷰를 하는 데도 최적의 장소였다.

· 논리는 서로 이해하기 위한 수단이다

· 논리는 사실에 기초해야 한다

· 발상력은 훈련으로 키울 수 있다

· 발상은 조합을 통해서 생겨난다

· 아이디어를 과도하게 내지 않는다

· 발상에 긴 시간을 들이지 않는다

· 발표하지 않으면 생각을 전달할 수 없다

· 계획 없이 이룰 수 있는 것은 없다

7장

잘나가는 회사원은 기초지식이 남다르다

외국어는
두 개가 기본이다

회사원으로서 필요한 지식은 다양하지만 회사 안에서 일할 때나 회사 밖에서 활동할 때 반드시 필요한 지식으로 어학과 확률·통계가 있다. 또한 앞으로 회사원으로서 알아둘 필요가 있는 사회적 기업에 대해서도 소개하겠다.

논리 없는 언어는 전달되지 않는다

우리가 말을 배우는 이유는 상대와 서로 이해하기 위해서다. 앞에서 상호 이해는 논리를 통해서 얻는 것이라고 설명했다. 그 논리는 언어로 표현되기 때문에 둘 이상의 사람이 서로 이해하려면 한 가지 '언어'가 필요하다. 외국인과 의사소통할 때 대화는 천천히 이루어져도 상관없다. 단, 속도가 느리더라도 말의 기본 뼈대는 논리적으로 구성되어야 한다. 논리가 빠진 말은 제대로 전달되지 않는다.

영어 외에 아시아권 언어를 하나 더 공부한다

세계를 무대로 일하려면 영어는 기본이다. 한발 더 나아가 영어 외에도 다른 외국어까지 구사할 수 있다면 금상첨화이다. 왜냐하면 일본이나 중국 등 가까운 아시아 국가에 영어가 완전히 보급된 것은 아니기 때문이다. 그럴 때 도움이 되는 것이 고등학교 때 배우는 제2외국어이다. 길어봤자 2~3년 동안 성적 때문에 어쩔 수 없이 공부했다 하더라도, 완전히 모르는 상태로 시작하는 것보다 훨씬 유리하다. 요즘 성장세를 보이고 있는 아시아권에 진출하기 위해서는 특히 그 나라의 언어를 익혀두는 것이 좋다. 이왕이면 제2외국어는 아시아권 언어를 목표로 정하자.

유명 대학들에서 영어 강의를 실시하고 있으며 취업하는 데 토익이나 투플 점수는 필수적인 요소이다. 회사원에게 한 가지 언어를 더 익히는 것은 선택이 아니라 의무가 되었다.

효과적인 외국어 학습법

외국어를 공부하는 데 왕도는 없다. 뻔한 말이지만 최대한 많이 듣고 많이 접하는 것이 최선의 길이다. 우리 주위에는 어학시험 점수는 좋지만 정작 외국인을 만나면 제대로 말하지 못하고 버벅거리는 사람들이 있다. 문법으로 배우는 언어와 실제 언어는 다르기 때문이다. 따라서 그 언어에 익숙해지는 것이 중요하다. 오전이나 오후에 학원을 가서 체계적으로 공부하는 것도 좋지만 그보다는 다음과 같은 방법을 추천한다. 다음과 같은 방법으로 공부한다고 해서 외국어 실력이 갑자기 일취월장하는 것은 아니다. '자신이 얼마나 노력했는가'가 그대로 외국어 실력이 된다.

method 1: 영화나 드라마를 본다

요즘에는 영어권의 영화나 미국 드라마, 일본의 영화와 애니메이션뿐만 아니라 세계 각국의 작품을 쉽게 접할 수 있다. 영화는 각 장면의 분위기와 내용을 통해 단어나 문법뿐만 아니라 감정에 자연스러운 억양과 톤, 제스처를 익힐 수 있다. 외국인과 대화를 할 때는 말의 문법도 중요하지만, 분위기도 중요하다. 영화나 드라마는 책에서 배울 수 없는 분위기와 톤을 익히는 데 탁월한 학습도구이다.

이렇게 공부할 때는 한 가지 작품을 여러 번 보는 것이 좋다. 첫 번째 볼 때는 대사의 의미보다 장면의 흐름상 어떤 내용일까를 보면서 보고, 두 번째에는 대사에 조금 더 집중하고, 세 번째에는 대사를 외운다는 기분으로 반복해서 보자. 재미와 학습 효과를 동시에 잡을 수 있다. 굳이 영화가 아니라도 세계 각국의 재미있는 영상을 반복해서 보는 것도 좋은 방법이다.

method 2: 음악을 듣는다

외국의 가요 등 가사가 있는 노래를 여러 번 듣는 것도 외국어를 공부하기 좋다. 일본에서 화제가 됐던 마쓰자와 기요시(松沢喜好)는 그의 저서《귀가 뚫리는 영어(英語耳ドリル)》에서 음악만 100번 듣고 가사를 외웠다고 한다.

노래는 영상과 달리 일상생활에서 반복해서 듣기 수월하다. 지금은 인터넷에서 각국의 노래나 가사를 다운받을 수 있으므로 음악을 접하기 쉽다(단, 저작권에는 주의해야 한다). 여러 번 들으면서 들리는 부분만이라도 노트에 적으면서 나름대로 해석을 하고, 그것을 원래 가사와 비교해보는 것도 좋은 공부 방법이다.

method 3: 외국인 친구나 애인을 사귄다

외국어에 능통하고 싶으면 원어민을 사귀는 것이 가장 효과적이라는 우스갯소리가 있다. 내가 하는 말을 원어민이 알려주거나, 바르게 고쳐주면 효과적이다. 그 원어민이 애인이나 마음이 맞는 친한 친구라면 더할 나위가 없다.

필자의 경우도 친하게 지내던 외국인 친구가 많은 도움이 되었다. "It is good"이라는 표현을 썼을 때, 그 친구가 "It sounds good"이라고 고쳐주곤 했다. 'It is good'도 문법상으로는 맞는 말이다. 그러나 일반적으로 쓰이지 않는 표현이라면 원어민의 조언에 따르는 것이 좋다. 주의할 점은 남이 나의 외국어를 고쳐주는 것을 두려워하거나 거북해하지 말아야 한다는 것이다. 원어민이 아니라면 그 언어를 완벽하게 구사하지 못하는 것이 당연하다.

method 4: 인터넷 메인 홈페이지를 바꾼다

처음 접하는 언어의 경우에는 모양 자체가 생소할 수 있다. 언어 자체가 스트레스라면 공부하기 싫어지는 것은 당연지사이다. 그럴 때는 인터넷의 메인 홈페이지 화면을 바꿔보자. 현재 공부하는 언어권의 포털 사이트로 설정해두면 인터넷을 켤 때마다 그 언어를 보게 되어 눈에 익숙해진다. 인터넷은 온종일 붙잡고 있기 때문에 생각보다 큰 효과를 볼 수 있다.

확률·통계를 알아두자

확률과 통계

중·고등학교 시절, 우리는 공식을 달달 외우며 수학을 공부했다. 하지만 정작 사회에 나와서는 크게 쓸 일이 없다. 학창시절에만 수학을 공부하고 전혀 쓰지 않아서인지 수학에 대한 고정관념에 사로잡혀 있는 사람이 많다. 그중 하나는 바로 수학에는 정해진 답이 있다는 생각이다. 그러나 앞으로 설명할 확률·통계는 정답이 하나로 고정되어 있지 않다.

현대 경제에서 커다란 비중을 차지하는 것이 주식과 보험임을 생각해볼 때 확률과 통계는 피해갈 수 없는 분야이다. 전 세계에서 일어나는 경제 현상도 거의 정규분포와 표준편차라는 확률·통계상의 개념으로 이해할 수 있기 때문이다.

이 경우에는 이렇게, 저 경우에는 저렇게 된다는 식으로 경우를 나누는 것이 확률·통계의 기본 구조이다. 그리고 그런 방식으로 경우를 나누는 기본 패턴이 시계열이며, 이는 곧 목적과 수단의 관계, 영향과 원인의 관계가 된다고 볼 수 있다.

기본 동작에서 설명한 지각 상황을 예로 들어보겠다. 약속을 하면 시간에 맞춰 올 확률이 가장 높고, 통계상 중심에 위치한다. 시간에 맞춰 오는 사람을 중심으로 일찍 오는 사람과 늦게 오는 사람이 일정 확률로 통계상 분포할 것이라고 예상할 수 있다. '약간 일찍 오는 사람과 약간 늦게 오는 사람은 제시간에 맞춰 오는 사람보다 조금 적고 굉장히 일찍 오는 사람과 굉장히 늦게 오는 사람은 그보다 훨씬 적겠지만 일단 존재한다'는 분포가 일반적이다. 이를 정규분포라고 한다.

목적과 수단, 영향과 원인으로 생각해도 똑같다. 목적을 초과되는 것이 있는가 하면 미달되는 것도 있다. 초과와 미달 확률은 대부분 정규분포를 이룬다. 초과에 이르게 된 수단이 있고, 미달에 이르게 된 수단이 있다. 마찬가지로 초과된 원인이 있고, 미달된 원인이 있다.

그래도 대부분 적당한 선에서 안정된다. 세상에서 일어나는 현상들은 한 번만 일어나고 마는 것이 아니라 몇 번이고 반복됨으로써 통계가 되어, 일어나는 확률을 통해 분포된다.

사회의 바탕을 이루는 확률·통계

현재 사회의 다양한 분야에서 확률·통계가 사용되고 있다. 피터 드러커(Peter Drucker)는 《자본주의 이후의 사회》(한국경제신문사, 2002)에서 '앞으로 다가올 사회에서 최대 자금원은 연금으로 적립된 돈(연금기금)이며, 그 연금을 내는 투자자들이 사회를 지배한다'고 말했다. 노동자의 돈이 세계를 좌우한다는 견해이다.

연금의 바탕을 이루는 것도 바로 확률과 통계이다. 연금 가입자는 몇 살까지 사는지 과거의 통계를 근거로 계산해 그것을 바탕으로 적립 금액을 정한다. 몇 살까지 사는지, 즉 자신의 수명을 통계에서 예측하는 '사망확률'을 통해 산출한다.

비행기 표를 팔 때도 확률·통계를 이용한다. 그동안의 통계를 보고 예측하여 정원보다 많은 사람의 예약을 받는 것이다. 확률·통계상 이 정도의 사람이 취소하기 때문에 그만큼의 예약을 더 받아도 괜찮다고 예측한다. 예측이 잘못되면 초과예약으로 타지 못하는 사람이 발생하기도 한다.

GE가 사내운동으로 시작하여 전 세계로 확대된 6σ(식스 시그마)도 확률·통계와 관련된 것이다. 여기서 σ는 그 뜻 그대로 표준편차라는 확률분석의 기본 단위를 나타내는 기호다. 6σ는 중심(평균) 부분과의 오차(불량)를 6σ 이하로 한다는 고품질 목표 지향 운동이다(품질관리상 6σ와 숫자상 6σ는 엄밀히 말해 다르다 – 저자 주).

학교에서는 확률·통계 과목을 별로 중요하게 생각하지 않는다. 그러나 복권이나 로또 당첨 확률, 슈퍼마켓의 상품 매입까지 전부 확률·통계로 정해진다. 전 세계에서 일어나는 의사결정은 대부분 확률·통계를 통해 뒷받침되므로 제대로 공부해둘 필요가 있다.

피터 번스타인(Peter Bernstein)의 저서 《리스크》(한국경제신문사, 2008)는 인류가 확률·통계와 벌여온 오랜 전투의 역사를 쓴 흥미로운 책이다. 일단 이 책을 읽는 것부터 시작해보면 어떨까?

사회적기업을 공부한다

앞으로 기대되는 사회적기업

사회적기업가(Social Entrepreneur)가 주목받고 있다. 사회적 기업이란 사회문제에 주목해 사업적인 지식과 경험을 도입해서 손실을 내지 않고 해결하려는 사고방식에 기초한 단체이다. 기부해서 자금만 원조하는 것이 아니라, 엄연한 사업으로 구조를 갖추어 사회문제를 해결한다. 사회적기업은 1960년에 처음으로 등장해, 7~80년대를 거쳐 세계로 퍼졌다. 유명한 사례로 인도에서 빈곤층에 돈을 빌려준 소액금융이나, 뉴욕에서 오래된 호텔을 수리해 노숙자에게 제공한 것 등이다. 이익을 추구하지 않고 사회 공헌이나 자선 활동을 하는 시민단체인 NPO(Non-Profit Organizations)도 이와 비슷하다.

사회적기업은 앞으로 사회인이라면 필수적으로 알아야 하는 개념이다. 사회인으로서, 회사원으로 기본적으로 알아야 할 것을 설명하겠다.

사회적기업, NPO의 중요성

사회적기업은 일반적인 기업과 달리 금전적인 이익뿐만 아니라 사회적 공헌을 목표로 한다.

사회적기업의 성장과 기존 기업들의 사회 공헌이 대두된 것은 자연스러운 일이다. 기업들이 자신의 이익만을 추구하는 경영은 소비자에게 만족을 안겨주지 못했다. 기술은 평준화되어 제품을 사용하는 데 기능적인 차이는 줄어들었다. 이에 따라 소비자들은 제품을 선택할 때의 기준이 달라지고 있다. 기업의 이미지나 사회적 책임과 사회공헌 기여도까지 생각하기 시작한 것이다. 사회적 문제가 되고 있는 일자리 창출의 대안으로써 청년들의 사회적기업 활동도 활발해지는 추세이다. 앞으로 사회적기업에 대한 기획과 활동은 더욱 중요해질 것이다.

사회적기업에도 뜻과 업무기술이 필요하다

사회적기업이나 NPO를 시작하려면 꿋꿋한 자립정신과 열정이 필요하다. 일반 회사보다 훨씬 힘든 상황에서도 꺾이지 않는 '뜻'이 있어야 한다. 사회적기업만큼 뜻이 중요한 기업도 없다. 누구를 위해, 무엇을 위해 공헌하겠다는 뜻이 분명하지 않으면 존재 의의 자체가 불분명해지기 때문이다.

사회적기업이나 NPO를 운영하려면 굳건한 뜻만으로는 부족하다. 이익과 공헌을 함께 추구하는 사회적기업은 자금이나 인적자원이 부족하다. 따라서 더 많은 노력과 능숙한 업무 기술이 요구된다. 이 책에서 설명하는 업무기술은 일반 회사든 사회적기업, NPO 어디에서나 적용할 수 있으므로 잘 활용하기 바란다.

사회적기업과의 관계는 더욱 밀접해진다

달리는 거리가 42.195km나 되는 마라톤을 혼자서 완주할 수 있는 사람은 체력과 정신력이 굉장히 강한 사람이다. 그런 사람은 그리 많지 않다. 그러나 42,195명이 손을 잡고 1m씩만 움직이면 마라톤을 완주한 만큼의 거리를 이동할 수 있다. 사회적기업도 마찬가지이다. 대단한 자본과 정보력을 가지고 혼자 달리기보다 아직까지는 많은 사람의 협력이 필요하다.

사회적기업에서는 자신이 가진 능력으로 인정받으면서 기업을 통해 긍정적인 역할을 할 수 있다. 그 구성원으로서 느끼는 만족감과 성취도도 클 뿐 아니라, 남을 도우며 사회에 공헌하면서 스스로의 가치를 높이고 보람을 주기 때문에, 사회적기업은 앞으로 사회인과 밀접한 관계를 맺을 것이다. 사회적기업에 관심이 있다면 관련된 책을 읽고 설명만 이해하기보다 일단 세미나나 강연을 들어보거나 단체에 참가해보는 것이 좋다.

자신의 사업계획서를 책으로 펴내다

꿈을 위해 끊임없이 도전하라

(주)하나 출판사가 주최하는 '올해의 경영서 대상'은 특이한 이력의 저자가 수상했다. 주인공은 한지선 씨(33세).

"처음 후보에 올랐다는 소식을 들었을 때만 해도 거짓말 같았지요. 일하면서 틈틈이 써온 책이 대상을 받는다니, 생각지도 못한 일이었습니다."

시상식이 있는 오늘도 한 씨는 이른 아침부터 회사에 출근해 회사 내부 사정을 살피고 부하의 업무를 확인했다. 점심식사도 미팅을 겸해서 해결하고, 겨우겨우 시상식 시간에 맞춰 도착했다. 수상작인 《전 국민 음악가 프로젝트》는 공공시설을 이용한 음악교실에 관한 책이다. 한 씨는 클래식 기타를 전문가 수준으로 다룬다. 이미 음반도 여러 장을 냈으니, 회사원이자 뮤지션이라고도 할 수 있다. 그런 자신의 경험을 토대로 꾸준히 써낸 것이 바로 《전 국민 음악가 프로젝트》이다.

"이 책은 앞으로 인생을 걸고 하고 싶은 사업의 사업계획서라고도 할 수 있습니다. 잘되면 사업 자금이 생길지도 모르겠나」 생각한 것이 집필 동기였죠. 조금 **불순**한 가요? 어느 정도 계획이 성취되었으니, 주말이나 밤 시간을 이용해서 창업에 도전해보려고 합니다."

멀쩡한 직업을 두고 다시 새로운 일에 도전하려는 그를 무모하다고 말하는 사람도 적지 않다. 하지만 한 씨는 자신의 목표를 이루기까지 포기하지 않을 것이라고 말했다. 가르칠 실력이 있으나 그 기회가 없는 전·현직 음악가들에게 가르칠 장소를 제공하는 것이 그의 목표이다. 부모와 자식이 모여서 하는 수업도 기획하고 있다고 한다. 그의 책 제목대로 전 국민이 음악가가 되는 그날까지, 한 씨의 도전은 계속될 것이다.

· 영어 외에 또 다른 외국어를 배운다

· 확률·통계의 힘을 알자

· 사회적기업에 다가가 보자

내 능력에 날개를 달자

길을 잃거나 배낭을 잃어버리는 등 여행에서 마주치는 다양한 사건들에 대처하기 위해서는 상황에 대처할 수 있는 능력이 필요하다. 즐거운 인생에도 능력은 필수이다. 회사원으로서 혹은 회사 밖에서 여러 가지 업무를 수행하려면 그것을 처리할 능력을 길러야 한다. 다양한 능력을 갖추기 위해 꼭 필요한 기술과 미래의 리더에게 필요한 자질을 알아보자.

8장

전천후로 활약하는 사원이 되자

튼튼한 조사가
단단한 업무를 만든다

일본의 구인구직 기업인 엔재팬의 사장, 오치 미치카쓰(越智通勝) 앞에서 학생과 젊은 사회인이 자신의 아이디어를 제안하는 자리가 있었다. 발표를 다 듣고 난 오치 사장은 "여러분의 아이디어는 전부 인터넷에서 검색하면 나오는 것뿐입니다"라고 말했다. 젊은 사람들은 인터넷에 익숙하므로 자료 검색을 잘한다고 착각하기 쉽다. 그러나 현실은 다르다. 좋은 정보는 간단히 얻어지지 않는다.

회사에서 업무를 할 때 조사 기술은 필수적이다. 의사결정을 내릴 때나 보고서를 작성할 때는 정보의 양이 많고 질이 좋을수록 결과도 좋기 때문이다.

조사에는 인터넷으로 검색하는 등의 '간접 조사'와 인터뷰 같은 '직접 조사'가 있다. 간접 조사는 쉽고 간단하게 할 수 있지만 누구든지 알 수 있는 정보밖에 찾지 못한다는 한계가 있다. 이를 보충하기 위해서는 직접 조사를 하여, 더 심도 있고 정확한 정보를 모으는 것이 좋다. 이 조사의 수준이 업무 성과에 큰 영향을 미친다.

인터넷 검색 시 주의 사항

간접 조사 방법에는 인터넷 검색 외에도 책을 통해 정보를 수집하는 방법도 있다. 최근에는 대부분 정보가 전자화되고 있지만 여전히 책으로만 입수할 수 있는 정보도 많다. 인터넷 검색과 문헌 조사를 나누어서 살펴보자.

'인터넷에서 검색하면 무엇이든 찾을 수 있다'는 생각을 버리자. 필자의 강의를 듣는 젊은이들은 좀처럼 제대로 된 정보를 모으지 못한다. 이런 현상은 젊은 세대 사이에서 전반적으로 나타난다. 원인은 다음과 같다.

- 다면적인 키워드로 검색하지 않는다

- 자신이 발견한 정보는 아무도 찾지 못한다고 착각한다

- (무료임에도 불구하고) 데이터베이스에 접속하지 않는다

어떤 점이 문제인지 자세히 살펴보자.

cause 1: 다면적인 키워드로 검색하지 않는다

사람들은 보통 머릿속에 떠오른 단순한 키워드로 검색하는데, 그
것만으로는 제대로 된 정보를 얻기 힘들다. 일본에서는 4~5년 전
만 해도 부동산 용어 중 하나인 '리노베이션(Renovation)'을 '컨버
전(Conversion)'이라고 했다. 따라서 업계의 회사나 연구소 등의
연구 정보는 '컨버전'으로 검색해야 찾을 수 있는 것도 많다. 직감
적으로 떠오른 단어나 키워드가 일반적으로 쓰는 용어라고 착각하
지 말자. 일부러 비슷한 단어로 바꿔보고, 검색 결과가 어떻게 바뀌
는지 살펴보라.

cause 2: 자신이 발견한 정보는 아무도 찾지 못한다고 생각한다

'내가 생각한 것은 누구든지 생각할 수 있다'라는 사고방식을
지녀야 한다. 인터넷으로 검색하면서 자세한 정보가 나오지 않을
때는 '없는' 것이 아니라 조사 방법이 잘못된 것이다. 찾아보면 다
나온다. 사람 생각은 다 거기서 거기다. 남들보다 앞서려면 그만
큼 많이 찾아보는 수밖에 없다.

cause 3: 데이터베이스에 접속하지 않는다

인터넷에는 개인 홈페이지뿐 아니라 공공기관의 홈페이지도 있
다. 정부와 관련된 NGO, NPO, 업계의 관련 단체 홈페이지도 존

재한다. 특히 업계와 관련된 단체의 홈페이지에는 상상도 못 한 정
보의 보물창고다. 물론 업계 단체인 만큼 해당 업체의 모든 정보를
공개하지는 않는다. 그러나 비전문가는 조사할 수 없는 양의 정보
가 있는 것도 사실이다. 자신이 조사하려는 주제에 대한 보고서 자
체가 있을 때도 있다.

특허청의 특허전자도서관(KIPO)이 보유한 데이터베이스도 도
움이 된다. 특허전자도서관 홈페이지에는 책에 관한 정보뿐만 아
니라, 특허정보를 검색하거나 정보공개시스템에 접속하기 쉽게 되
어 있다.

사업을 시작하려는 사람이라면 특허정보공개페이지(http://
www.open.go.kr)에 접속해보기 바란다. 사용 방법은 일반 검색
엔진과 똑같다. 다른 나라의 특허에 대해서도 볼 수 있으므로, 결과
를 조사하면 전 세계 사람들이 그 분야에 대해 어디까지 생각하는
지 알 수 있다.

사람들은 보통 공공기관의 정보를 검색할 생각은 하지 않는다.
그러나 공공기관이 알고 있는 정보를 청구하는 정보공개시스템을
이용하면 그냥 인터넷 검색만 이용할 때보다 많은 정보를 얻을 수
있다.

문헌 조사의 요령

한 분야에 관련된 책을 세 권 읽으면 주변 사람 중에서는 그 분야에 대해 제일 잘 알게 된다. 문헌 조사는 생각보다 어렵지 않다. 요즘에는 서점에 갈 필요 없이 인터넷 서점에 들어가 관련된 책을 검색해 사서 읽으면 끝이다. 물론 책을 읽는 데는 짧지 않은 시간이 걸리기 때문에 처음에는 귀찮을지도 모른다. 그러나 예나 지금이나 정보를 얻는 가장 기본적인 방법은 책을 찾아보는 것이라는 사실을 기억하자. 문헌 조사의 기본 요령은 다음과 같다.

- 입문서부터 시작한다

- 아는 부분은 대충 넘긴다

- 책에 줄을 긋는다

문헌 조사를 할 때는 아무 책이나 고르면 안 된다. 같은 주제에 관한 책도 수십, 수백 권이 넘는다. 처음부터 욕심을 부려 너무 전문적인 책부터 읽기 시작하면, 원하는 정보를 얻기 전부터 지치고 만다. 얇고 글씨가 커다란 입문서부터 시작하라. 입문서를 3권 정도 읽으면 내용이 비슷하다는 사실을 알 수 있을 것이다. 당연히 첫 번째보다 두 번째 책을, 두 번째보다 세 번째 책을 더 빨리 읽을 수 있다. 기본적인 내용이 머리에 든 상태에서 전문서를 읽으면 내용을 더 쉽게 이해할 수 있다. 당연히 시간도 적게 걸린다. 지나치게 전문적인 부분은 외우려 하지 말고 책의 어느 부분에 어떤 내용이 있는지만 알고 넘어간다.

업무와 관련해서 책을 읽을 때는 줄을 그어가며 읽는 것이 효율적이다. 따라서 일로 읽는 책은 기본적으로 사서 읽는 것이 좋다. 줄을 그어서 읽으면 그다음에 읽을 때 이해도와 속도가 다르다. 줄을 많이 그었다고 해서 남는 것이 많다는 뜻은 아니다. 줄을 그은 곳이 단 한 군데여도 상관없다.

더 정밀하게 조사하려면 국립도서관의 홈페이지를 검색해보라. 국립도서관에는 국내에서 출간된 모든 책이 소장되어 있기 때문에 더욱 유용하다.

간접 조사로 얻은 정보는 앞에서 설명했듯이 반드시 사실이라고는 할 수 없다. 면밀한 검증이 필요하다.

인터뷰 방법을 마스터한다

직접 조사 방법은 2가지가 있다. '인터뷰(청취조사라고도 한다)'와 '설문조사'이다. 인터뷰는 소수에게 자세히 묻는 법이고, 설문조사는 다수에게 간단한 답변을 얻는 것이다. 일반적으로는 함께 활용하지만 업계의 관습 등을 알고자 할 때는 인터뷰가, 고객 동향 등을 파악할 때는 설문조사가 알맞다.

인터뷰를 하고 싶은 사람의 목록을 작성한다

어떤 분야에 대해 조사하기 위해 인터뷰를 하려면 가장 먼저 누구를 인터뷰할 것인지 정해야 한다. 여럿이 아닌 한 명만 인터뷰를 할 예정이라도, 인터뷰이를 한 사람만 찾아볼 것이 아니라 여러 사람의 목록을 작성하는 것이 좋다.

- 해당 업계를 잘 알 만한 사람에게 누가 좋을지 추천받는다
- 인터넷이나 책에서 해당 업계의 주요 인물을 조사한다

처음부터 목록을 완성하기는 어려울지도 모른다. 그러나 한 사람 한 사람 찾아보다 보면 그 과정에서 다른 사람을 소개받거나 새로 알게 될 수도 있다.

step 1: 연락

질문을 준비하기 전에 우선 상대에게 연락부터 하라. '이 분야에 대해 물어보겠다'고 정했으면 일단 접촉하는 편이 좋다. 인터뷰를 요청할 때, 상대의 예정과 스케줄이 맞지 않는 경우가 많기 때문에 연락은 빨리 할수록 좋다. 필자의 경험에 의하면 보통 요청하고 나서 2주 정도 뒤에나 약속을 잡을 수 있다. 모르는 사람이 갑자기 인터뷰를 요청했을 때, 바로 응해주는 사람은 적다. 직접 만날 시간이

없어 약속을 정하지 못했을 때는 30분 정도 전화 인터뷰를 부탁해 보자. 전화로는 얻을 수 있는 정보가 한정되기 때문에 가능하면 직접 만나는 것이 좋지만, 아예 이야기를 나누지 못할 바에야 전화 인터뷰라도 하는 것이 낫다.

상대에게 연락할 때는 메일과 팩스, 전화를 같이 이용하자. 메일이나 팩스로 연락하더라도 가능한 한 전화도 같이 건다. 전화로 연락할 때, 긴장해서 아무 말도 못할 수 있다. 간단한 소개와 인터뷰 의도 등을 종이에 써서 전화기 근처에 두고 체크해가면서 이야기하자. 상대가 만나줄지 아닐지는 자신의 열의에 달렸다. 진지하게 의도를 설명한다면 어떤 형태로든 협력해줄 것이다.

step 2: 인터뷰 준비

인터뷰에서 기본적으로 자신이 생각하는 것이 맞는지, 자신이 알고 싶은 정보의 핵심이 무엇인지 파악하고 있는 것이 중요하다. '저희가 이런 것을 하려는데 잘될 거라고 보십니까?', '이 업계에서는 현재 어떤 식으로 하고 있습니까?' 등 꼭 물어야 할 질문을 생각해 놓고 논리적으로 정리해서 준비한다. 인터뷰 역시 상호이해가 기본이다. 내 의도가 상대에게 제대로 전해지도록 논리적으로 질문할 항목을 정리하자. 인터뷰가 처음이라면 다양한 상황을 예상하여 연습을 해보는 것도 좋다.

step 3: 인터뷰

인터뷰 시간은 30분에서 1시간 정도가 가장 적당하다. 실제로 인터뷰를 할 때는 다음 사항을 주의하기 바란다.

- 기본적으로는 질문자 측에서 상대가 있는 곳으로 간다

- 지각은 절대 금물. 약속 시간보다 약간 일찍 도착한다

- 질문을 빠트리거나 잘못하는 것을 줄이고, 혹시 모를 사고에 대비하여 2명 이상이 간다 (너무 많은 사람이 가는 것은 상대에게 실례이다)

- 인터뷰를 시작할 때 자기소개하는 것을 잊지 않는다

- 할 수 있는 최대한으로 메모한다 (경우에 따라 상대방의 허락하에 녹음한다)

- 앞으로도 추가로 알고 싶은 것을 전한다

- 업계에 대해 다른 시점에서 조언해줄 만한 사람을 소개해달라고 부탁한다

- 인터뷰가 끝나고 감사 인사를 한다 (메일로 해도 상관없다)

step 4: 인터뷰의 활용

인터뷰를 하다 보면 예상치 못했던 정보를 얻을 수도 있고, 상대가 대답하고 싶어 하지 않은 질문에는 답변을 얻지 못하는 경우가 있다. 당연한 일이므로 당황하거나 안달을 할 필요는 없다. 중요한

것은 인터뷰 내용을 제대로 활용하는 것이다.

- 먼저 인터뷰 내용을 기록한다 (인터뷰 직후 작성하는 것이 좋다)
- 관계자끼리 그 기록을 공유한다
- 기록을 바탕으로 관계자끼리 정보를 공유하는 시간을 갖는다
- 다음 인터뷰 대상에게 할 질문을 준비한다 (인터뷰를 거듭할수록 묻고 싶은 내용이 구체화된다)

설문조사 방법

다수에게 물어 전체적인 경향을 파악하려면 설문조사를 한다. 설문조사를 잘하려면, 먼저 증명하고 싶은 내용이 무엇인지 정해야 한다. 그 내용을 증명하기 위해 누구에게 질문해야 하는가, 무엇을 질문해야 하는가를 정리하는 것이 좋다. 설문조사를 할 때는 보통 일반적인 질문을 무조건 많은 사람에게 묻고 그 답변을 정리한다. 그렇게 하면 조사하는 측의 입장에 치우치지 않고 신뢰할 수 있는 답변을 얻을 수 있다고 생각한다. 그러나 그런 방법으로는 설문조사가 제대로 이루어지지 않는다. 설문조사는 표면적인 의사소통이므로 참신한 생각을 발견한다거나 구체적인 정보는 얻을 수 없다. 증명하고 싶은 내용을 먼저 준비하자.

설문조사를 하려면 양식이 필요하다. 글로 쓴 주관적인 답변은

해석하기 어려우므로 객관적인 숫자로 답변을 준비하는 것이 좋다. 그 정도를 5단계 또는 10단계 등으로 설정해서 답변을 얻는다. 길거리 조사 시에는 반드시 설문지를 만들어둔다. 가능하다면 온라인 서비스를 이용하는 것도 좋다.

인터뷰나 설문조사는 정보원에 직접 접근하는 방법이므로 귀중한 정보다. 하지만 정보원을 어떻게 선정하느냐에 따라 얻는 정보가 달라질 우려가 있다. 정보를 모으고 자료를 수집할 때는 간접적인 방법과 직접적인 방법을 병행하는 것이 가장 좋다는 점을 기억하자.

회의에도
기술이 필요하다

생산적인 회의와 비생산적인 회의는 어떻게 다를까?

조직에서 일하는 사람들이 가장 많은 시간을 빼앗기는 일은 회의다. 혼자서는 할 수 없는 큰 가치를 생산하기 위해서 회의를 하지만, 관련된 사람이 많아질수록 생각의 차이는 넓어질 뿐이다. 대부분의 회의가 비생산적으로 진행되기 때문이다.

비생산적인 회의에서는 일부 사람에게 발언이 집중되며 개개인의 발언 시간이 길다. 같은 말이 반복될 뿐 상호이해가 이루어지지 않는다. 다음 회의까지 해야 할 일을 맡으려는 사람이 없으니 회의가 좀처럼 진행되지 않는다. 진행 시간은 길어지고 횟수가 늘어나므로 참가자는 회의를 부담스러워하게 된다. 그러다 보면 회의 자체를 꺼리게 되고 결국 회의 자체가 붕괴되기도 한다.

겉으로는 생산성이 높아 보이지만 꼭 할 필요가 있는지 의문스러운 회의도 있다. 예를 들어, 굉장히 열성적인 팀원 한 명이 전부 준비해서 회의를 이끌고 해야 할 일도 거의 혼자서 해버리는 경우다. 이렇게 하면 다른 참가자에게는 아무 재미도 의미도 없는 회의가 된다. 혼자서 모두 처리할 바에야 굳이 여러 사람 모아서 회의를 할 필요는 없다.

생산적인 회의는 다음과 같은 특징이 있다.

- 회의 참가자 한 사람, 한 사람이 발언하는 시간이 거의 비슷하다
- 같은 말을 여러 번 하지 않는다
- 각자 솔선해서 다음 약속까지 할 일을 도맡는다
- 회의록을 작성해 다음 회의 시 이전 회의에서 나온 논의를 활용한다

이러한 회의기 이상적이다. 신기하게도 생산적인 회의나 모임은 사회자가 없어도 자연스럽게 진행된다.

생산적인 회의를 하려면

아무런 제재를 하지 않고 회의를 내버려두면 특정한 몇몇 사람만 발언하거나 했던 이야기가 계속 반복되는 일이 많아진다. 사실 다른 사람이 이야기하는 도중에 그만두게 하거나, 이야기가 반복될

때 "그건 아까 나온 말이잖아"라며 끊기는 쉽지 않다. 회의를 진행할 때, 그때그때 생각난 의견을 그대로 말하는 것은 젊은 사원들의 미팅만이 아니라 조직 내 의사결정 기관 회의에서도 종종 볼 수 있는 광경이다. 회의 전체를 장악해, 필요한 발언을 제때 정확하게 하는 것은 간단한 일이 아니다.

누군가의 의견에 제삼자가 말꼬리를 물고 늘어져 지금까지 논의된 이야기와 전혀 관계없는 말을 꺼내는 경우도 있다. 이는 발상이 확대되는 것이 아니라 방향성을 잃은 것이다. 다양한 발언이 쏟아져 이야기가 휙휙 바뀌는 것은 창조적인 것이 아니라 논의가 옆길로 샜을 뿐이다.

겉으로는 창조적으로 보이지만 사실은 건질 것 하나 없는 회의나 맥락 없는 회의를 생산적으로 바꾼다면, 조직이 낭비해온 시간도 생산적으로 쓸 수 있게 된다. 이는 시간 제약이 강한 회사 밖의 활동에서 하는 회의 역시 마찬가지다.

회의의 생산성을 높이는 구체적인 방법에는 다음과 같은 것이 있다.

way 1: 맥락 없이 말하는 사람을 사회자로 한다

사회자는 자기 의견을 말할 기회가 적다. 그러므로 회의에 방해가 되는 사람이 있으면 우선 사회를 맡기는 것이 효과적인 회의를 하기 위한 방법 중 하나이다. 항상 같은 사람만 사회자로 정하면 이상하게 생각할 수 있으니 회의가 어느 정도 진척되었다면 사회자를 바꾸는 것이 좋다.

way 2: 발언의 관계를 쓴다

왜 이런 발언이 나왔는지를 종이나 화이트보드에 쓰면서 진행하면 회의 참석자가 보면서 전체적인 맥락을 알 수 있다. 직접 회의에 참가하면서 발언을 정리하는 작업까지 같이하려면 혼자서는 어려울지도 모른다. 사회자나 서기가 따로 화이트보드 등 참가자 전체가 볼 수 있는 곳에 회의의 진행 상황을 쓴다.

way 3: 의제를 활용해 시간을 관리한다

회의를 진행하다가 예정해둔 의제를 바꾸고 싶을 때가 있다면 바꿔도 상관없다. 그러나 어떤 의제를 다룰 것인지, 각 의제에 시간을 얼마나 할애할지 미리 정해두면 전체 회의 시간의 기준을 세울 수 있다.

way 4: 회의 전에 회의록을 써본다

회의의 흐름은 자유롭지 않다. 흘러야 할 방향으로 흐른다. 자신이 원하는 방향으로 회의를 진행하려면 어떤 순서대로 발언을 해야 할지 예상해볼 필요가 있다. 발언권을 얻는 순서를 사전에 작성하여 가상 회의 시나리오를 정리하면 전체 흐름을 미리 파악할 수 있다. 회의가 끝나고 회의록을 작성하는 시간도 줄일 수 있다.

보기 좋은 자료가
읽기도 좋다

이전 자료를 활용해 생산성을 올린다

자료나 문서를 작성하는 것은 일의 목적이 아니라 더 큰 이윤을 내기 위한 과정 중 하나일 뿐이다. 기업의 목적인 이윤이라는 최종 목표에 도달하려면 방대한 자료를 정리하고 작성해야 한다. 보고서를 쓸 때, 회의를 할 때 등 모든 업무에는 자료가 필요하다.

자료를 만들 때 가장 먼저 할 일은 이전에 비슷한 작업을 한 적이 있는지 찾는 것이다. 필요한 자료를 찾을 수 있다면 일을 한 단계 단축할 수 있다. 또 한 번 만들어둔 자료는 두 번째, 세 번째에 더 보완해 효율적으로 재생산하는 것도 가능하다. 내가 작성한 자료뿐 아니라 선배나 상사에게 넘겨받은 자료를 개선할 수도 있다. 같은 조직 안에서는 저작권을 신경 쓸 필요가 없지만 다른 조직(법

인격)인 경우는 쓸 수 없으므로 주의해야 한다.

발표자료 작성 시 주의사항

업무 관련 자료는 대부분 프레젠테이션 소프트웨어로 작성한다. 프레젠테이션 소프트웨어를 간단히 설명하겠다. 자료 작성의 핵심은 꾸미는 데 크게 신경 쓰지 않는 것이다. 발표 자료를 작성할 때는 겉보기가 아니라 전체 구성을 생각하는 데 시간을 들이자.

발표 자료는 기본적으로 자유롭게 작성하면 된다. 감각 있는 사람이 만든 자료는 알아보기도 쉽고, 만드는 데 걸리는 시간도 짧다. 꾸미는 것도 만드는 사람의 감각에 좌우되는 부분이지만, 겉보기에 화려한 것보다 더 중요한 점은 발표 자료의 전체적인 구성을 얼마나 잘 정리했느냐이다. 전체를 구성하기도 전에 개별 페이지의 형식만 따지다 보면 전체적으로 하고 싶은 말을 전하지 못하는 자료가 되고 만다. 예컨대 캐치프레이즈나 삽입할 사진 등 효과를 넣거나 배경을 꾸미는 데 치중한 자료로는 상호간 이해가 제대로 이루어지지 않는다.

누구나 그렇듯 더 예쁘게 꾸미고 싶은 것은 당연한 심리이다. 그러나 꾸미든 말든 차이가 없는 자질구레한 부분에 신경 쓰지 말고 전하고 싶은 내용을 한 가지 그림으로 정리하는 것에 집중하자.

프레젠테이션 소프트웨어로 자료를 작성하는 순서

step 1: 개요(목차)를 짠다

개요를 짜면 자료를 더 효율적으로 작성할 수 있다. 각 슬라이드의 표제를 먼저 구상한 다음에 개별 슬라이드를 만들자. 이때 프레젠테이션 소프트웨어의 '개요 기능'을 쓰면 편리하다. 일반적으로 프레젠테이션 소프트웨어를 켰을 때 가장 왼쪽 부분에 개요 부분이 있는데, 거기에 각 표제를 쓰면 모든 슬라이드의 골격이 만들어진다.

목차는 자료를 작성할 때도 중요하지만, 청취자가 프레젠테이션의 내용을 이해할 때도 도움이 된다. 발표자가 무슨 말을 할지 모르는 상황에서 들으면 이해도가 떨어지게 마련이다. 의견을 제대로 이해시키려면 상대에게 전체상을 알려줘야 한다. 전체 내용을 전혀 모르더라도, 목차가 있으면 대강의 줄거리를 이해하기 쉽다.

step 2: 각 슬라이드의 중심 내용을 목차 다음에 정리한다

각 슬라이드에서 전하고 싶은 것을 한 줄 또는 두 줄로 정리해서 쓴다. 이 작업을 하면서 말하고 싶은 내용을 전부 표현했는지, 이야기는 논리적으로 연결되는지 확인하자. 이 부분이 정해지지 않은 상태에서 세부 슬라이드만 번지르르하게 꾸며봤자 핵심을 전달할 수 없다. 각 슬라이드에서 전하고 싶은 것이 명확하면 이미 자료가

완성된 것과 마찬가지다. 또한 이 단계에서 문장 구성을 다음과 같이 맞추는 것이 좋다.

- 가능한 한 같은 주어를 사용한다 (예: 우리는, 팀은, 팀원은…)
- 주어, 목적어, 서술어의 구조를 가능한 한 맞춘다 (어느 문장이든 가능한 한 같은 구조로 한다)
- 문장 끝을 맞춘다 (문장으로 끝낼지, 체언으로 끝낼지를 정한다)

step 3: 단어를 통일하고, 중요한 단어는 정의한다

같은 말을 여러 단어로 표현하는 경우가 종종 있다. 목차와 슬라이드 중심내용으로 전달하고 싶은 내용을 정리하고 나면, 사용하는 단어를 압축해서 통일하자. 프레젠테이션 소프트웨어의 '검색 기능'과 '단어바꾸기 기능'을 쓰면 효율적으로 단어를 통일할 수 있다. 또한 짧아도 상관없으니 주로 쓰는 단어는 따로 정의해둔다. 같은 단어는 통일하고, 비슷한 단어로 일부러 차이를 설명하는 경우에는 각 단어를 정의해서 단어 사용법을 정해두자. 단어의 개념을 공유해야 의사소통이 더 원활해진다.

step 4: 분담하기 전에 꾸미기 규칙을 정한다

전체 구성이 끝나면 각 슬라이드를 작성한다. 이때 꾸미기 규칙

을 정해두는 것이 좋다. 혼자 작업할 때에도 유용하지만, 여러 명이 분담해서 작성할 때는 특히 규칙을 어느 정도 정해둬야 나중에 합치기 쉽다. 꾸미기 규칙은 '슬라이드마스터 기능'을 쓰면 편리하다. 이 기능은 개요 기능 다음으로 중요하다.

꾸미기 규칙을 정할 때는 다음과 같은 점에 유의하자.

- 폰트의 타입, 크기, 색깔을 정한다
- 바탕색, 일반색, 제2바탕색, 강조색 등을 정하고 가능한 한 색 수를 줄인다
- 음영, 그라데이션, 진한 글씨, 밑줄을 남용하지 않는다 (전하고 싶은 내용만 돋보이게 한다)

step 5: 마무리

실제 발표에 쓸 자료는 확인을 겸해 마무리한다. 발표 용도 이외의 자료는 마무리 작업까지 할 필요는 없다. 그러나 마무리 작업을 통해 머릿속을 정리할 수도 있고, 중간 정도에 정리해보면 논리성이 흐트러진 부분을 발견할 수도 있으므로 시간이 된다면 해보는 것이 좋다.

마무리 작업 시 중점을 둘 부분을 몇 가지 소개한다.

먼저 정리 정돈이다. 화려하게 꾸며진 자료보다는 알아보기 쉽게

정리된 자료가 좋은 법이다. 도형과 도형 사이의 간격과 자간 등을 같게 하고, 문서 양 옆의 여백 간격도 맞춘다.

몇 개인지, 어떤 순서인지 중요한 경우는 숫자를 강조한다. 숫자를 강조할 때는 폰트를 바꾼다. 숫자의 경우 'Times New Roman'이 좋다. 폰트 크기를 아예 2배 정도로 크게 하거나, 숫자의 색을 눈에 띄게 바꾸는 등 다양한 방법을 사용하여, 깔끔하게 강조하자.

눈만 봐도 이해하는 팀워크를 쌓는다

팀 안에서는 여러 가지 일이 일어난다. 조직이 크든 작든, 회사 안에서든 밖에서든 날마다 일어나는 일은 비슷비슷하다. 팀 내에서 일어난 엇나간 논의를 열정적인 논의로 오해하는 일도 종종 있다. 비생산적인 시간을 공유해놓고, '충실한 시간'을 보냈다고 착각하기도 한다. 팀에서 어떤 문제들이 발생하느지, 그것에 어떻게 대처해야 하는지 살펴보자.

팀에서 일어나는 문제

회사생활은 조직생활이다. 다양한 사람들이 모인 만큼 다양한 생각이 있다. 그 생각들을 한곳으로 움직이고 하나로 묶는 것은 쉬운 일이 아니다. 팀 내에 분열과 갈등은 늘 존재하는 위험 요소이다. 특히 다음과 같은 문제들이 자주 일어난다.

trouble 1: 미팅에 빠진다

팀원이면서 팀 전체 미팅에 빠지는 사람이 있다. 그들의 마음을 모르는 것은 아니다. 미팅에 참가하기란 그만큼 수고스럽다. 미팅 참석을 스트레스로 여기는 사람도 있다. 그 시간에 다른 일이 생기면 핑계라도 댈 수 있다. 하지만 미팅을 빠지는 이유가 다른 용무 때문이 아니라 단순히 팀원으로 책임을 다하지 못해서라면 답답한 기분이 마음을 짓누른다. 가장 힘든 일을 최우선으로 하려면 그만큼 스트레스를 받는다. 그러나 그렇다고 도망치기만 한다면 아무것도 달성할 수 없다. 적어도 나만은 '미팅에 빠지는 사람'이 되지 않도록 하자.

trouble 2: 지각을 자주한다

집합 시간에 대한 감각은 사람마다 다르다. 그러나 미팅 초반에 이루어지는 논의(論議)는 그 회의의 주제와 범위 등을 공통으로 인식하는 무척 중요한 시간이다. 늦게 온 사람이 회의의 안건을 객관적으로 바라볼 수 있을지도 모른다. 그러나 현실적으로 지각한 사람은 거의 회의에 참가조차 못한다. 사람들은 대부분 집합 시간에 거의 맞추어 도착하도록 예정을 짠다. 당연히 시간을 맞추지 못할 때가 많다. 제시간보다 일찍 도착하는 습관을 들이면 지각도 확 줄어들 것이다. '나만 일찍 오면 손해본다'고 생각하는 사람에게 팀워크를 기대할 수는 없다. 모두 함께 일찍 오니까 팀워크다.

trouble 3: 자기 말만 한다

다른 사람이 하는 말을 듣다 보면 거기에 따라 자신도 하고 싶은 말이 떠오르는 법이다. 그러면 상대의 말은 귀에 들어오지 않고, 이어서 자기가 할 말로 머릿속이 가득 찬다. 마침내 서로 자기 말만 하게 된다. 상대의 말에서 힌트를 얻어 어떤 생각을 떠올리는 것을 발상의 확대라고 생각할지도 모른다. 그러나 한도 끝도 없이 발상만 해서는 논의가 수렴되지 않는다. 상대가 하는 말을 그대로 받아들이는 것이 팀워크의 첫걸음이다. 일단 상대가 하는 말을 '끝까지 세세하게' 듣는 습관을 들이자.

trouble 4: 자기 차례에만 열심히 한다

다음 회의에서 발표하는 사람이 모든 준비를 떠맡는 경우가 종종 있다. 팀원끼리 순서대로 발표한다 해도, 발표자 혼자 전부 준비해서는 팀으로 일하는 의미가 사라진다. 최종적인 논지는 발표자가 정한다 하더라도 다른 팀원의 관점이나 지식을 발표 내용에 얼마나 담아내느냐가 회의의 질을 결정한다. 발표자가 다른 팀원의 의견을 자기 의견과 어떻게 관련지을지 생각하고, 다른 팀원은 발표자가 멋지게 발표할 수 있도록 돕는 것이 팀으로 준비하는 과정이다. 자기 차례라고 정신없는 사람에게 이런저런 의견을 제시하면 귀찮게 하지 말라는 말을 들을지도 모른다. 그러나 이런 '참견'은 팀워크에 꼭 필요하다. 참견이 팀원의 마음에 쌓이다 어느 순간 참견하는 동료의 진심을 알게 되고, 마음속의 앙금이 녹아내리는 것이다. 적극적으로 참견하자.

trouble 5: 마무리 짓는 사람이 없다

팀에서 논의하는 모습을 보면 '어떻게 마무리할까?'라고 생각하며 나서는 사람이 없다. 그런 사람이 한 명이라도 있으면 팀에 큰 도움이 된다. 정리하는 사람이 두 사람이라면 그 둘이서 토의해 마무리 짓기 때문에 더 좋은 결과를 낼 수 있다. 리더 격인 사람도 먼저 나서서 마무리 짓는 일은 별로 없다. 솔선해서 마무리 짓는 사람이 있으면 다른 팀원이 그 사람에게만 의존하는 경향도 있지만, 아무도 하지 않는 것보다는 낫다.

trouble 6: 적합하지 않은 사람이 리더가 된다

팀의 리더를 정하기는 쉽지 않다. 가장 의지가 강하고, 열심히 일하며, 배려 깊은 사람이 리더가 된다면 아무 문제없다. 그러나 그렇지 못한 사람이 '내가 리더지'라고 착각하는 일이 자주 있다. 리더는 조직의 직위로 정해지지 않는다. 조직의 직위는 나이로 대표되는 과거 실적으로 정해진 것일 뿐이다. 리더의 능력과 노력 여하가 강하게 작용한다는 점에서 회사 밖의 모임이 더 건전하게 리더를 뽑는다고 할 수 있다.

또한 리더의 배려심 부족으로 다른 팀원이 의욕을 잃는 일도 자주 일어난다. 경우에 따라서는 리더 행세하는 사람에 대한 개인적인 반발심 때문에 팀에서 빠지는 사람이 생기기도 한다.

지금까지 살펴본 내용은 팀에서 반드시 일어나는 문제로 쉽게 사라지는 문제가 아니다. 그러나 그런 문제의 원인이 되지 않기 위해 노력하는 것은 어렵지 않다. 무슨 일이 있어도 회의에 빠지지 말 것, 상대가 하는 말을 잘 듣고 제대로 이해하며 팀 전체와 팀원을 배려할 것. 어떤 변화든지 한 번에 일어나는 것은 없다. 나를 비롯한 팀원 각자가 서로의 말을 제대로 듣는 것의 중요함을 깨달을 때, 팀은 발전한다. 자신보다 상대를 우선시하는 것이 팀 작업의 핵심이다.

팀원의 의욕 차이에 대처한다

팀이 삐걱거리는 원인은 대체로 '팀원의 의욕 차이'에 있다. 모든 팀원이 팀 활동을 최우선으로 한다면 문제는 거의 일어나지 않는다. 팀원마다 팀에 할애하는 시간과 열의가 달라서 문제가 일어난다. 모든 팀원이 의욕을 가지고 업무를 대하면 좋지만 그렇지 않을 때는 문제가 되는 것이다.

의욕이 없는 팀원은 그만두게 하는 것이 좋다. 한 사람이 그만두면 전체 팀원이 줄어서 전력에 문제가 생기지 않을까 걱정이 될지도 모른다. 특히 참가자를 모으기 어려운 회사 밖의 활동에서는 '머릿수 채우는 것만으로 OK'라고 생각하기 쉽다. 그러나 실제로는 의욕 없는 팀원은 다른 팀원들에게 부담을 지울 뿐이다. 서로 발을 묶고 뛰는 2인3각 경기를 생각해보자. 한 명은 앞으로 나가려고 하는데 나머지 한 명이 움직이지 않는다면 그 팀은 우승할 수 없다. 사람이 많아지면 움직이지 않는 사람을 억지로 끌고 갈 수는 있겠지만, 그만큼 다른 팀원들이 힘들어진다. 그런 팀원은 빨리 그만두게 하는 것이 팀을 위한 가장 좋은 방법이다.

의욕이 아주 없지만 않으나 그 정도가 낮을 때는 어떻게 할까? 우선 그 사람의 심정을 잘 들어보아야 한다. 그리고 팀에서 활동함으로써 그 사람에게 어떠한 좋은 일이 일어날지 설명한다. 의욕이 낮은 팀원은 대체로 2가지 유형이 있다. 첫째는 매사에 의욕이 낮은 사람이고 둘째는 따로 하고 싶은 일이 있는 사람이다. 매사에 큰 의욕이 없으면서 팀에 참가하는 사람에게 의욕을 북돋는 것은 쉽지 않다. 어쩌면 팀 활동 자체가 그 사람에게는 인생에서 최초로 의욕을 갖고 매달리는 경험이 될지도 모른다. 그렇다면 태어나서 처음으로 의욕을 가지는 기쁨을 알게 하는 것이 중요하다. 그 일이 팀 전체에게 동기부여를 하는 계기가 될 수도 있다. 반면에 따로 하고 싶은 일이 있는 사람에게는 가능하면 팀에서 빠져달라고 하는 편이 낫다. 그런 사람은 자신이 하고 싶은 일에 매진하는 것이 본인에게도 팀에게도 좋다.

모든 팀원이 의욕이 넘칠 수는 없다. 의욕 차가 나는 상황을 방치하지 않는 것이 중요하다. 내버려두면 '굳이 뭔가 하지 않아도 되잖아'라는 분위기가 퍼지기 때문이다. 그렇다고 "자네, 할 마음이 없지?"라고 몰아붙인다고 해서 상황이 나아지는 것도 아니다. 의욕이 부족한 이유를 묻고, 지금 할 수 있는 일이 무엇인지 함께 의논해보자.

팀의 생산성이 멈출 가능성이 있지만, 팀원 간 의욕 차이를 인정하는 방법도 있다. 물론 팀을 운영하기 쉽지 않겠지만 그 어려움이 오히려 팀을 하나로 묶는 끈이 되어 팀 운영이 안정되기도 한다. 만약 나는 의욕이 있는데, 다른 팀원은 의욕이 없다면 어떻게 할까? 당연한 소리지만 의욕이 생길 것이라 믿고 팀원에게 마음의 불을 지피는 수밖에 없다. '내가 왜 그래야 해?'라고 생각한다면 팀을 되살릴 방법은 없다.

의욕 없는 팀원은 '젖은 장작'과 같다. 바짝 말랐을 때는 잘 타는 연료였지만 지금은 젖어버린 것이다. 그래서 웬만해서는 불이 붙지 않는다. 자신이 아무리 잘 타도 젖은 장작까지 태울 수는 없다. 조금씩 가열해 물기를 말리고, 스스로 타오르게 해야 한다. 팀워크란 이 젖은 장작을 가열해 자력으로 타오르게 하는 것이다. 비록 젖었다고 해도 자기 주위에 장작이 있다는 사실에 감사하자. 팀원이 있다는 사실 자체만으로 감사한 일이다. 여기저기 온통 젖은 장작끼리라도 서로 조금씩 따뜻하게 해가면 언젠가 크고 거센 불이 되어 활활 타오를 것이다. 이것이 팀워크의 목표다.

· 순서를 생각하여 다양한 방법으로 조사한다

· 생산적인 회의는 상대의 이야기를
제대로 듣는 것에서 시작한다

· 자료를 작성할 때는 겉보기가 아니라
구성을 중시한다

· 젖은 장작 같은 팀원의 의욕에 불을 지핀다

9장

인간관계를 이해하는 리더가 빛난다

상사의 마음을 잡아라

상사의 마음을 알아야 부하인 자신이 회사에서 어떻게 대처하고 성과를 내야 할지가 보인다. 물론 나중에 자신이 상사가 되었을 때 갖추어야 할 태도나 철학도 배울 수 있다. 또 회사 밖에서도 리더나 높은 위치가 되었을 때 활용할 수 있다.

상사로서 갖출 행동 특성과 실제 행동

사회에서는 점수로 사람을 평가한다. 학교에서는 시험 성적이 높은 학생을, 기업에서는 실적이 높은 사람을 높게 평가한다. 그렇게 하지 않으면 목표를 이루어야 하는 동기가 생기지 않기 때문에 이러한 평가 방법은 당연하다고 할 수 있다. 그러나 높은 점수를 얻은 사람, 점수를 잘 따는 사람이 반드시 이상적인 상사라고는 할 수 없다. 점수에 집착하는 사람은 오히려 자기 점수를 위해서 주변을 배려하지 않는다.

자신을 희생하고, 주위 사람이 높은 점수를 얻을 수 있도록 도와주는 사람이 위에 서야 할 사람이다. 여기서 이상적인 상사가 갖추어야 할 행동 특성과 실제 행동의 괴리가 발생한다. 이 괴리는 조직의 구조적인 문제라서 해결이 쉽지 않다. 그럴 때는 '내가 상사라면 어떻게 행동할까'라는 질문은 던져보자. 회사 밖에서는 상사로서 마땅한 행동을 하는 사람만이 활약할 수 있다.

부하를 어떻게 키울까?

일본의 연합함대 사령장관인 야마모토 이소로쿠(山本五十六)가 부하 육성에 대해 이렇게 말했다. "몸소 보여주고, 하나하나 말해주고, 직접 시켜보고, 칭찬하지 않으면 사람은 움직이지 않는다. 대화하며 이야기에 귀 기울이고, 인정하고 완전히 맡기지 않으면 사람은 자라지 않는다. 부하의 행동을 감사하는 마음으로 지켜보고, 신뢰하지 않으면 사람은 여물지 않는다."

부하를 육성하는 최종 목표는 '스스로 일하는' 인재가 되도록 하는 것이다. 이는 말처럼 쉽지 않다. 몸소 보여주려면 자신부터 잘해야 한다. 자기만의 방법론과 절차가 있어야 한다는 말이다. 이것만으로도 벅찬데, 그것을 하나하나 말해주고 직접 시켜봐야 한다. 하나하나 말해준다는 것은 혼자서 생략하고 넘어간 절차까지 세세히 가르쳐주어야 한다는 뜻이다. 전혀 모르는 사람이라도 그 설명대로 하면 일을 완수할 수 있을 만큼 세세하고 구체적이지 않으면, 일이 미숙한 사람은 엄두조차 내지 못한다. 이렇게까지 해도 부하는 잘 하지 못 할 것이다. 그래도 "꽤 잘했는데?"라거나 "여기 괜찮은걸?" 이라고 칭찬하지 않으면 부하는 의욕을 잃는다.

사람은 쉽게 성장하지 않는다. '누군가 나에게 이 정도로 가르쳐 주면 못 할 것이 없겠다'고 답답하다는 생각이 들지도 모른다. 그래 도 세세하게 설명하고 끈기 있게 부하를 대하라. 그렇게 열정을 다 해 가르친 부하는 당신을 배반하지 않을 것이다.

부하 한 사람, 한 사람에게 맞춰서 대처한다

부하와 관계를 맺을 때 가장 어려운 점은 한 사람 한 사람 다 개 성이 다르다는 것이다. 자신이 부하였을 때, 상사와의 관계를 떠올 려보자. 데면데면하고 대하기 어려웠을 것이다. 상사도 마찬가지로 부하를 위해서 무엇인가를 한다는 것이 쉽지 않다. 상사가 할 수 있 는 일은 자기 나름대로 부하의 유형을 분류해서 대처방법을 정하 는 것이다.

의욕이 전혀 없는 부하

의욕이 높지 않은 부하라도 활용하기에 따라 상사에게 제법 도움이 된다. 의욕과 능력이 꼭 비례하지는 않기 때문에 능력만 있으면 어느 정도 일을 해낸다. 부하가 어떤 면에서 의욕을 가질 수 있을지 관심을 가지고 지켜본 후 그 일을 시킬 수 있다면 좋겠지만, 그렇지 않더라도 가능한 양의 일을 지시하자.

능력이 없는 부하

능력 없는 부하는 아무리 자세히 지시해도, 몇 번을 고치게 해도 도무지 이해할 수 없는 일을 해온다. 능력이 부족한 부하에게는 할 수 있는 최소한의 일만 맡기기를 추천한다. 물론 그 사람의 능력을 키워줄 수 있다면 좋겠지만, 그 부하에게만 매달리면 회사의 생산성에 악영향을 미칠 수 있다. 그 사람에게 맞는 일을 찾는 것이 좋다.

사회생활에 적응하지 못하는 부하

이런 사람은 출근이 늦다거나 점심 때 멍하니 있으며, 지각할 때 연락이 없고 업무시간에 개인 일을 많이 보는 등의 특징이 있다. 이런 사람을 무조건 봐주면 회사의 기강이 무너진다. 조직의 기준을 세워 지키도록 유도하자. 그러나 정도가 너무 심하면 팀 전체에 악

영향을 미치므로 엄중히 처벌하거나 그만두게 하는 것이 최선의
방법이다.

연상의 부하

자기보다 나이 많은 사람을 부하로 두는 것은 어려운 일이다. 나
이를 먹으면 생각이 딱딱하게 굳기 때문에 자신의 방법 외에는 받
아들이려고 하지 않는 사람이 많다. 아무리 일을 못하는 연상의 부
하라도 예의를 반드시 갖춰야 한다. 누구든지 자기보다 어린 사람
에게 지시를 받는 것만큼 참기 어려운 일은 없다는 점을 이해해야
한다.

능력과 의욕이 넘치는 부하

이런 부하는 내버려두는 것이 제일 좋다. 능력 있고 의욕 넘치는
부하와 함께 일하는 깃만큼 즐거운 일은 없다. 그들은 상사가 요령
부득하게 지시를 내려도 알아서 깔끔하게 정리해서 해석한다. 거기
다 성과도 낸다. 오히려 상사가 배울 점도 있고, 일도 재밌어진다.

현명한 부하가 되자

상사와 친하게 지낸다

회사에서 일하다 보면 화나는 일이 많다. 그리고 그런 일은 대부분 상사와의 관계에서 일어난다. "이런 회사 때려치우겠다"는 말이 목구멍까지 차오른 일이 한두 번이 아닐 것이다. 그러나 회사에서 자신의 생사여탈권을 쥔 사람은 상사다. 마음에 안 드는 상사라도 일단 친하게 지내는 것이 좋다.

사람의 판단은 80~90%가 감정에 의해 결정된다. 평소 상사와 친하게 지냈다면 무슨 일이 있을 때 '좀 주의하라'는 뜻으로 들릴 것이다. 반대로 사이가 좋지 않으면 훨씬 나쁜 뜻으로 들린다. 상사를 존경하고 두 사람 사이에 아무 문제가 없으면 좋겠지만 이런 경우는 드물다.

그렇다면 상사는 어떤 사람을 내편으로 만들고 싶을까? 역시 무뚝뚝한 부하보다 사교성 있는 부하를 지켜주고 싶을 것이다. 사교성 있는 사람에게 마음이 더 가는 것은 인지상정이다. 사람은 이성이 아니라 감정으로 움직이는 동물이다. 상사와 사이좋게 지내는 요령은 한마디로 상사에게 '충성'하는 것이다.

- 반대 의견은 말하지 않는다
- 상사가 시킨 일을 최우선으로 한다
- 남들 앞에서 상사 편을 든다

이런 사고방식은 찬반이 크게 나뉠 것이다. 진심으로 회사를 위한다면상사가 잘못된 행동을 할 때 바로 잡아야 한다거나, 상사의 지시라도 우선순위가 낮은 일을 먼저 처리해서는 안 된다고 생각할 수도 있다. 그러나 이는 고지식하고 이상적인 논리이다. 분명 맞는 말이지만, 그 태도를 고수하면서 정글 같은 조직생활에서 살아남기란 무척 힘들다. 조직에서 살아남으려면 상사의 편에 서야 한다. 상사는 자신을 돌봐주는 사람이 아니다. 상사가 이것저것 해주기를 바라기만 한다면 불만만 쌓인다. 상사를 자신의 '고객'이라고 생각하자. 회사 밖의 인간관계도 마찬가지로 '고객'이라고 생각하면, 사귈 수 있는 사람의 범위가 확실히 넓어진다. 고객은 늘 불합리한 요구를 한다. 그리고 거기에 응하는 것이 사업이다. 만약 자신이 독립한다면 상사가 실제로 고객이 될지도 모른다. 그렇게 되었을 때도 염두에 두고, 가능한 한 상사의 요구에 따르도록 하자. 꼭 좋아할 필요는 없지만 가능하면 상사와 원만하게 지내자.

상사에게 보고, 상담, 연락을 철저히 한다

보고, 상담, 연락은 업무 커뮤니케이션의 기본이다. 조금 더 자세히 말하자면 '사후에 보고하고, 사전에 연락, 문제가 생겼을 때 상담'하는 것이다. 상사와의 관계에서 보고, 상담, 연락은 중요하다. 보고, 상담, 연락을 할 때 주의할 점을 살펴보자.

먼저 보고는 업무 그 자체이다. 보고는 자신의 업적 평가의 근거가 되기도 한다. 주저하지 말고 상사에게 자주 보고하자. 그러나 보고하러 갔다가 미주알고주알 쓸데없는 이야기까지 듣느라 자신의 업무시간을 빼앗기면 곤란하다. 그렇게 되지 않으려면 보고를 하는 타이밍이 중요하다. 상사가 바쁘거나 처리해야 할 문제가 있을 때는 당연히 NG다. 한가할 때도 피해야 한다. 이야기가 한없이 길어지기 때문이다. 상사가 자료를 읽을 때를 틈타서 하는 식이 좋다. 상사도 얼른 끝내고 원래 하던 일을 계속 하고 싶어서 불필요하게 늘어지지 않는다. 상사의 성향을 파악하여 적절히 보고하는 것이 좋다.

신입사원이 실수하기 쉬운 것이 누구에게 상담할 것인가이다. 상담은 우선 회사 밖의 사람에게 하는 것이 좋다. 물론 회사 내부 사정을 말해서는 안 된다. 인생의 조언을 구한다는 느낌으로 상담을 받아보자.

상사에게 고민을 상담한다고 해서 반드시 내 편에 서준다는 보장은 없다. 상사는 부하보다 자기 안위나 조직을 지키는 행동을 할 때가 많다. 그것이 조직의 구조이다. 상사도 회사 안에서는 중간관리직에 지나지 않는다. 조직을 움직이거나 거스르면서까지 부하를 지키는 일은 없다고 생각해야 한다. 표면적으로 좋은 상사라 하더라도 끝까지 의지하지 않는 편이 좋다. 믿고 기댈 수 있는 것은 자기 자신밖에 없다.

상사를 통해 자기실현한다

조직생활을 하는 사람을 상사를 통해 자기실현을 하게 된다. 상사에게 공을 돌리는 것이다. 이 말은 자신의 기획을 상사의 기획으로 실현해간다는 의미이다. 자기 실적이 되지 않는다고 부정적으로 생각하지 말자. 신입사원에게는 처음부터 기회가 주어지지 않는다. 상사의 일을 도우며 업무능력을 배우는 과정이라고 생각하자.

앞에서 상사를 고객으로 생각하고 대하라고 했다. 고객이 돈을 내고 살 만한 생각이라면 상사에게도 어필할 수 있다. 그러나 아무리 멋진 아이디어라도 부하가 가져온 그대로 받아들이고 싶지 않은 것이 상사의 마음이다. 처음부터 3가지 정도 가져가서 상사에게 고르게 하자. 무척 대단한 아이디어와 흔한 아이디어, 그 중간 정도 같은 식이다. 위험을 수반하는 아이디어, 견실하게 추진할 수 있는 아이디어, 그 중간 같은 조합도 좋다.

상사는 대체로 중간의 아이디어를 고른다. 그 선택에 대해, 부하인 당신은 실현 가능성 큰 안을 고른 상사의 혜안에 감탄하는 척하자. 그리고 상사가 선택한 것으로서 일을 추진한다. 상사 스스로 자신이 선택했다고 생각하는 점, 어느 정도 직위가 있는 사람이 결정했다는 점은 그 아이디어를 추진하는 것을 든든하게 뒷받침해준다. 물론 상사에게 들고 가기 전부터 중간이 선택될 것을 상정해서 준비한다.

회사 밖에서는 상사를 배려하거나 타협안을 생각할 필요가 없다. 그럴 바에 굳이 회사 밖에서 활동하지 않아도 되기 때문이다. 자기가 생각할 수 있는 최고의 기획으로 추진해보자. 그러나 큰일을 달성하려면 많은 사람의 협력이 필요하다. 자신뿐 아니라 협력자도 마음을 하나로 모을 만한 기획을 짜야 한다.

'조직 안에서의
인간관계론'을 배운다

이 책의 맨 앞에서 회사생활에만 올인하지 않고, 자신의 미래와 자기계발을 위해서 회사 밖에서도 활동할 것을 권했다. 그러나 아직 회사 밖에서 활동하는 것은 일반적이지 않다. 회사 일을 열심히 하는 것은 물론이거니와 넓고 깊게 주위를 배려할 필요가 있다.

조직 안에서는 한발 물러선다

조직 안에서는 같은 말이라도 표현 방법에 따라 일이 잘되기도 안되기도 한다.

- 남들 앞에서는 반대 의견을 함부로 말하지 않는다 (특히 상사라는 위치

에 있는 사람은 자기 의견을 부정당하는 일을 쉽게 받아들이지 못한다)

- 상대를 치켜세우며 거기에 자신의 아이디어를 덧붙이는 식으로 이야
기를 끌어간다 (이야기를 하다보면 맥락상 어떻게든 말은 되기 때문에, 완
전히 반대 의견이라도 아이디어를 확대한 것처럼 이야기할 수도 있다)

이렇게 한 번 더 생각하면 조직 안에서 살아남으면서, 하고 싶은
일은 조금이라도 실현할 확률이 커진다. 일본 IBM의 전 회장 기타
시로 가쿠타로(北城恪太郎)는 그 전 회장인 시이나 다케오(椎名武
雄) 현 고문이사가 회의에서 잘못된 말을 했을 때 그 자리에서는 아
무 말 않고 나중에 둘만 있을 때 그것을 지적했다고 한다. 조직에
서 살아가려면 이 정도 배려는 필요하다. 자기주장만 해서는 '뜻'을
실현할 수 없다. 타인의 인격과 의견을 존중하는 태도가 인간관계
의 기본이다.

대타로 뽑히는 것이 기회이다

대(大)타자, 일류 투수도 대부분 '대타(代打)'나 '패전 처리'부터
시작한다. 상사나 선배가 못 하는 안건을 대신 맡을 때가 기회이다.
따라서 대타나 패전 처리의 기회를 잡을 수 있도록 항상 준비하고
있어야 한다. 일본의 국민배우인 야쿠쇼 고지(役所広司)는 배역이
없던 신인 시절, 행인 엑스트라를 하면서도 모든 출연자의 대사를
외우고 그 역처럼 연습했다고 한다. 만약 연출가가 그 모습을 본다

면 쓰고 싶지 않을까? 적어도 나는 배역을 주고 싶다.

조직 안에 있으면 금세 느슨해져서, 기회를 잡으려고 항상 준비해야 한다는 사실을 잊기 쉽다. 언제까지고 정규 선수가 아닌 대타여서는 위로 올라갈 수 없다는 사실을 명심하자. 조직 안에서 정규 선수가 마음을 놓는 순간이 바로 파고들 기회이다. 대리 출장, 대리 자료작성, 대리 프레젠테이션 등의 일을 기꺼이 수락하자. 원래 자기 일이 아닌 업무를 맡으면 기분 좋게 처리하는 것이다. 기회는 그때 생긴다. 매사에 "내가 다 할 수 있어"라고 거들먹거리라는 말이 아니다. 고객이나 상사가 만족하면 그만이라고 생각하라. 다만, 자기 생활이나 몸 상태를 고려해 무리하지 않는 편이 좋다. 회사 밖에서는 항상 정규 멤버가 차츰 빠져나간다. 그때가 바로 기회다. 자신이 그만두지만 않으면 활약할 기회는 얼마든지 생긴다.

멘토를 만든다

몇 년 전부터 한국에 멘토 열풍이 불기 시작하면서 멘토 제도를 활용하는 회사의 사례가 늘고 있다. 멘토 제도를 통해, 업무에 적응하는 못하는 사원들을 돕고 사원 간의 친목을 도모할 수 있었다는 등 긍정적인 반응이 많다. 회사 자체에서 멘토 제도를 활용한다면 좋지만 그렇지 않을 경우에는 스스로 멘토를 찾아보는 것이 어떨까?

우리가 흔히 하는 착각 중에 '멘토는 답을 알려주는 사람'이라는 생각이 있다. 멘토는 자신의 경험을 바탕으로 조언을 하는 협력자이지, 나를 대신해서 정답을 찾아주는 사람이 아니다. 멘토에게 모든 것을 맡기고 의존하려는 생각은 버려야 한다. 궁극적으로 결정을 내리는 사람은 다름 아닌 나 자신이라는 점을 잊지 말자.

유명하다고 해서 모두가 좋은 멘토인 것은 아니다. 또 사람만 멘토가 될 수 있는 것도 아니다. 내게 부족한 능력을 가진 사람이나 내 선택에 큰 영향력을 행사한 책도 멘토가 될 수 있다.

그렇다면 업무에 있어서는 어떤 사람을 멘토로 삼아야 할까? 우리가 회사에서 일할 때 업무적으로 도움을 주는 사람들은 TV나 신문에 나오는 유명인이 아니라 지금 옆자리에 앉아 있는 선배이다. 업무에 있어서는 내가 직접 부딪치고 나의 업무처리 능력을 투영해볼 수 있는 선배나 상사를 멘토로 삼는 것이 좋다.

멘토에게 배울 때에는 묻고 또 묻고 계속 묻는 태도가 중요하다. 멘토만큼 자세히 알고 자신감 있게 설명할 수 있을 수준까지 또 묻는 것이 좋다. 또, 어떤 업무기술이나 노하우를 배우기로 마음먹었다면 자기 것으로 만들 수 있을 때까지 모방해보자. 곁눈질로 보거나 말로 듣기만 해서는 배울 수 없다. 본인이 스스로 해봐야 비로소 자신의 것이 된다.

총무과에 내통자를 둔다

혼자서 모으는 정보에는 한계가 있다. 회사에 다니면서 다른 직업도 가진 상황을 예로 들어보자. 그럴 때 회사의 겸업 금지 규정이나 과거 사례에 관하여 지금 다니는 회사의 총무과나 인사과 사람에게 묻기는 곤란하다. 이들은 기본적으로 회사 편에 있는 사람이기 때문이다. 무슨 일이 일어나면 그들은 회사에 피해가 가지 않는 방향으로 처리하려고 한다. 이러한 조직의 구조를 생각해볼 때 총무과에 내편이 되어줄, 일종의 내통자가 있으면 좋다. 나도 몇 번이나 도움을 받았는지 모른다. 마음이 맞을 만한 총무과 사람과 점심이든 저녁이든 가끔 식사라도 하면 좋다. 같이 밥을 먹으면 마음의 거리도 확 줄어들 것이다.

총무과나 인사과 말고도 비서나 서무 업무를 하는 사람들과도 친하게 지내면 편리한 점이 많다.

필자는 출장이나 여행을 갔다 올 때 비서나 서무 담당자에게는 꼭 선물을 사다 준다. 이 역시 지극히 상식적인 사업 수단이다. 조직의 인간관계를 뒤에서 좌우하는 사람을 꿰뚫어 보고, 그 사람과 친하게 지내지 못한다면 조직에서 살아남기 어렵다. 회사 밖에서는 이 효과가 더 커진다. 딱히 친하지 않더라도 작은 기념품을 선물하는 등 정성을 보인다면 마음의 거리는 가까워질 것이다.

험담에 가까운 남의 말은 입에 담지 않는다

원래 남의 이야기는 술자리에서 술안주로 삼으면 재미는 있지만, 그런 자리에서 남의 험담을 하지 않는 사람이 신뢰받기 마련이다. 몇몇 사람이 술을 마시러 가면 꼭 같이 아는 어떤 사람의 뒷말로 이야기꽃이 핀다. 몇 시간 동안 끊이지 않고 한 사람 이야기를 하기도 한다. 내가 없을 때 내 이야기도 이렇게 한다고 생각하면 무서운 일이다. 본인이 없는 자리에서 쑥덕대는 것은 사람의 본성일지도 모르겠다. 더 무서운 것은 서로 친해보이는 오히려 사람이 그런 이야기를 적극적으로 꺼낸다는 점이다. 친구 이야기를 저런 식으로 할까 싶다. 같은 회사 사람들끼리 마시러 가면 인사 관련 이야기로 정신없다.

"그 녀석은 부사장 밑에 들어가더니 제일 잘나가."

"그 녀석이 맡고 나더니 사업부 망했잖아."

"그 녀석은 그릇이 안 돼."

선택받은 사람에 대한 선택받지 못한 사람의 시기와 질투는 엄청나다. 누구나 선택받고 싶고, 선택받지 못하는 것만큼 가슴 아픈 일은 없다. 회식 자리에서 남의 뒷담화가 시작되면 한마디도 거들지 말자. 남의 말을 하지 않는 것은 반드시 긍정적인 효과를 낳는다. 이는 회사 밖의 술자리에서도 마찬가지이다.

파벌에 휩쓸리지 않는 사원이 되자

조직에는 파벌이 생긴다. 정치 세계를 보면 알 수 있듯이 파벌의 역학이 조직의 권력 구조를 결정한다. 파벌은 작은 조직에서도 생긴다. 조직 구성원이 모두 10명이라면 5명 대 5명 또는 3명, 3명, 4명이 친하게 지내는 등 반드시 파벌이 생겨난다. 파벌이라고 해서 꼭 나쁜 것만은 아니다. 그러나 조직보다 파벌의 이익을 우선하다가 조직 전체의 이익이 희생되는 일이 비일비재하다. 예컨대 원래라면 관리직에 앉을 실력이 없는 사람이 파벌에 공헌하고 그로 인해 조직 전체에 영향을 미치는 중요한 직책을 맡는 일이 있다. 또한 파벌을 중시해 잘못된 의사결정을 반복함으로써 조직 전체의 힘을 깎아내리는 일도 자주 일어난다.

권력을 쥔 사람 곁에는 이권을 노리고 다양한 사람이 다가온다. 그런 상황에서는 믿을 수 있는 심복만큼 소중한 존재는 없을 것이다. 대부분의 관계는 그저 아는 사이에서 시작한다. 그러던 것이 세월이 흐름에 따라 깊은 관계로 발전하고, 깨달았을 때는 이미 그 관계에서 벗어나지 못하는 상황일 때가 많다. 반대로 말하면, 빠져나올 수 없게 만드는 것이 파벌 형성의 핵심이라는 말이다. 물론 파벌에 속하지 않는 사람도 있다. 그런 사람 중에는 파벌을 만들 마음은 없지만 사람을 끌어들이는 매력이 있는 사람도 있다. 그들은 파벌처럼 속박하지 않고 사람을 부드럽게 끌어들인다. 그러나 그런 느슨한 상태로는, 강력하게 묶어두는 파벌과의 권력투쟁에서 살아남기 힘들다. 끝내 강하게 묶인 파벌이 권력투쟁에서 살아남는 일이 비일비재하다. 여기서 정치와 경영의 더러움이 생겨난다. 파벌이라는 강한 힘에 대항해 개개의 사원이 할 수 있는 일은 별로 없다. 그나마 실천할 수 있는 것은 다음과 같다.

- 본인은 파벌에 들지 않는다 (파벌을 통한 불공정한 이익을 바라지 않는다)
- 자기 의지는 정당하게 결정한다 (파벌을 두려워하지 않는다)
- 동기나 동료가 파벌에 휩쓸리지 않도록 적극적으로 부탁한다 (정당하게 행동하는 동료를 만든다)

조직은 무척 두려운 존재다. 그러나 더 두려운 일은 파벌에 휩쓸리는 것이다. 물론 회사 밖의 활동에서도 파벌이 생기는 일이 많다. 권력투쟁에 뛰어들어서 좋을 일은 없다. 회사 밖에서만큼은 누구에게든 공평하게 대하자.

이런 직장 보셨습니까?

자신의 매일을 창조하는 사원들

"전에는 상상도 못 했던 일이죠. 저희 회사에서는 대부분이 정시에 퇴근을 합니다. 하지만 그렇다고 업무에 소홀한 것은 아닙니다. 아침 일찍 출근하는 사람들이 많아졌어요. 업무 시간에는 활기가 넘치는 게 느껴집니다."

지아라 씨(29세)의 말대로 (주)상상의 분위기는 일반적인 회사와 달랐다. 퇴근시간이 되자, 대부분의 직원들이 자리를 떴다. 일이 끝났다기보다 다른 하루가 시작된다는 느낌이 들었다.

"제가 막 입사했을 때는 이렇지 않았어요. 사실 저는 그때부터 회사원과 영화평론가, 2가지 직업을 가지고 있었습니다. 그래서 회사에는 쉬쉬하며 얼른 퇴근하기 바빴죠. 분위기가 바뀐 것은 1년 6개월 전이었습니다. 신입사원 한 명이 송년회에 나오라고 집요하게 쫓아다니는 거예요. 그 당시 저는 직접 준비한 작품을 영화제에 출품하기 위해 편집 작업 중이었고, 그 기한이 얼마 남지 않아 도저히 송년회에 갈 마음이 들지 않았죠. 그 이야기를 했더니 이상은 부장님과 다른 선배들이 그 마음 알겠다며 농의해주셨어요. 이 부장님도 주말미디 고전무용 강사를 하고 계신다더라고요."

지 씨도 일찍 퇴근하는 날은 영화평론 사이트를 갱신한다고. 자신이 직접 단편영화를 찍기도 하고 웹에 공개된 단편영화를 중심으로 평론도 한다. 회사 일에 소홀하지 않을까 싶지만, 오히려 매출액은 매년 꾸준히 상승 중이다. 직원 한 사람 한 사람과 그 사생활을 존중하는 분위기가 회사 일에 의욕을 심어준다고 지 씨는 말한다.

"당연히 개인적인 일 때문에 회사 일에 손해를 끼쳐서는 안 되죠. 저는 영화평론가로서의 생활로 스트레스를 풀어요. 고객을 이해하는 바탕에는 영화를 통한 다양한 간접경험이 있다고 생각합니다. 회사에서의 생활은 영화 제작에 영감을 주지요. 이런 게 바로 선순환 아닐까요?"

회사 밖에서의 생활과 회사 안의 업무가 서로 좋은 영향을 끼치며 발전하는 것. 그것이 (주)상상의 원동력이 아닐까 싶다.

· 부하에게는 몸소 보여주고,
  직접 시켜보고, 칭찬해준다

· 상사는 고객이라고 생각한다

· 회사 안에서는 한발 물러선다

· 대타가 되었을 때가 기회이다

· 파벌에 의지하지 않는다

두세 켤레의 짚신을 신자

이전까지 당연하게 여겨온 '경영자'냐 '사원'이냐 또는 '리더'냐 '팔로워'냐로 나누는 분류 방법은 이상하지 않은가. 앞에서 말한 봉건시대의 영주처럼, 한 사람이 고용주이자 근로자인 편이 자연스럽다. 이들은 왕에게 충성을 다하는 신하인 한편 자신도 영토를 가진 영주다.

수입원이나 직장이 여러 곳이라도 각각에서 제 역할을 해낸다면 아무 문제없다. 반대로 한곳에서만 일하면서 말단에 머무른다면 일이 무슨 재미가 있을까? 한 가지 정도는 자신도 남들 위에 서고 싶을 것이다. 한 번도 남의 위에서 일해본 적 없이 아랫사람으로서만 일하면서 동기부여가 잘되는 사람도 없을 것이다. 물론 모든 사람이 위에 있을 수는 없다. 그러나 각자의 재능과 운명에 따라 자신에게 가능한 범위에서는 리더가 될 수 있다. 누구나 한 가지 정도는 남들에게 인정받기를 원한다. 학교를 졸업하고 회사에 취직해 평생 말단 사원으로 살고 싶은 사람은 없을 것이다. 그러나 리더가 되려면 무조건 회사를 그만두고 창업해야 한다는 생각도 이상하지 않은가? 회사에 다니면서도 다른 무대에서는 사장이나 대표가 될 수 있다.

직업이 2가지인 것을 일본 속담에서는 '짚신을 두 켤레 신는다'고 한다. 학교를 졸업하는 처음에는 한 곳에만 일하겠지만, 가능한 한 빨리 짚신을 두 켤레로 늘리고 두 번째 일을 점점 키워간다. 두 번째 일이 안정될 때까지는 두 켤레를 같이 신는다. 그러다 어느 정도 일이 안정되면, 낡아버린 첫 번째 짚신을 벗어버리는 것이 훨씬 현실적이다. 그러나 사람들은 대부분 그 상황까지 가지 못하고 어떻게 하면 오랫동안 짚신 두 켤레를 신을수 있을까 고민한다. 그것도 나쁘지 않다고 생각한다.

진정으로 나를 위한 삶을 살아가려면 두 켤레에 만족하지 않고 세 켤레가 넘는 짚신을 신는 것이 이상적이다. 그만큼 자기 성취를 할 수 있는 기회가 늘어나기 때문이다. 여러 켤레의 짚신을 신고 각자의 분야에서 좋은 성과를 내려면 업무기술에 대해서도 훈련을 쌓아야 한다.

이 책은 어려운 업무기술을 쓴 책이 아니다. 짚신을 두세 켤레 신는다는 시점으로, 복수의 직업을 갖는다는 시점으로 지금까지 상식이었던 업무기술과 지식, 사고방식을 재점검하는 것이다. 앞으로의 업무와 인생은 틀림없이 그러한 방향으로 갈 것이다. 여러분이 '두 세 켤레의 짚신을 신는 사원'이 되기를 바라마지 않는다.

지은이 | **시바타 히데토시(柴田英寿)**

1967년생. 와세다대를 졸업하고 워싱턴내 경영대학원에서 MBA를 취득했다.
도쿄증권거래소 제1부 상장기업에 근무하는, 평범하다면 평범한 회사원으로 해외근무,
자회사 파견 등 산전수전을 겪으며 기업의 구조를 몸소 경험했다. 한편으로는 일본지재
학회(日本知財學會)이사와 도쿄대 첨단과학기술센터의 특임교원, 미일(美日)리더십
프로그램 '펠로' 1주년 기념행사의 실행위원장 등을 역임했다. 2000년부터 10년 동안 조
찬모임인 '아카사카 브렉퍼스트 클럽'과 기업가 정신론에 대한 공개강좌를 주최하고 있
다. 회사 안과 밖에서 활발하게 활동하는 '자신이 이루고자 하는 뜻(志)이 있으면 부끄러
울 것이 없다'는 지론을 가진 회사원.
저서로는《비즈니스 모델 특허 전략》,《33세부터의 시간 사용 설명서》,《이공계를 위한
배우지 않았던 경영》등이 있다.

회사에서 인정받는 신입사원,
업무의 신 되다

2012년 4월 1일 1판 1쇄 박음
2012년 4월 5일 1판 1쇄 펴냄

지은이 시바타 히데토시(柴田英寿)
옮긴이 황선희
펴낸이 김철종

책임편집 서슬기
표지디자인 양미정
본문디자인 윤준연
마케팅 최단비, 오영일, 김상숙

펴낸곳 (주)한언
주소 121-854 서울시 마포구 신수동 63-14 구프라자 6층
전화번호 02)701-6616　**팩스번호** 02)701-4449
전자우편 haneon@haneon.com　**홈페이지** www.haneon.com
출판등록 1983년 9월 30일 제1-128호
ISBN 978-89-5596-635-0　13320